100 HISTORIAS
EN BLANCO Y NEGRO

Primera edición: Mayo de 2010
Segunda edición: Julio de 2010
Tercera edición: Septiembre de 2010
Primera reimpresión: Agosto de 2011

Fernando Morales Lugo, LC (fmorales@legionaries.org)

Catholic.net

Fotos de portada:
© microimages - Fotolia.com
© Lee O'Dell - Fotolia.com

Comité organizador:
Juan Ignacio Carrillo, Juan Carlos Durán, Luis Miguel García, Néstor
Guerrero, Pedro Guzmán, Antonio Maldaner, Marco Aurelio Mauricio,
Alberto Méndez, Aaron Smith, Gregory Usselmann, Michael Vanderbeek,
José Armando Vargas y Felipe Villagómez.

Auxiliares de edición:
Edward Bentley, Pierre Caouhette, Thomas Flynn, François Garreau,
Lorenzo Gómez, Óscar Macías, Quentin Petit, Jean Christophe Poncet y
Javier Rubio.

Traducciones:
Miguel Ángel Andrés, Juan Pablo Aviña, Rodrigo Bitencourt, Agustín
Gómez, Francisco Hernández, José Luis Horta, Massimilano Irranca,
Adrián Montaño, Luis Felipe Nájar, José Guadalupe Padua, Armando
Pompa, Pablo Redondo, Thácio Soares y César Vega.

ISBN: 978-0-615-37469-7

100 historias

en blanco y negro

(contadas a todo color por sacerdotes)

Fernando Morales (ed.)

A Benedicto XVI,
verdadero pastor de pastores.

PRÓLOGO A LA EDICIÓN FRANCESA

(P. Jacques PHILIPPE)

En la fiesta del Sagrado Corazón, 11 de junio de 2010, ha terminado el año sacerdotal querido por el Papa Benedicto XVI. Este año ha sido para muchos sacerdotes la ocasión de un renacimiento en su vida sacerdotal. Les permitió redescubrir la alegría de haber sido llamados a este ministerio tan hermoso, así como reforzar su compromiso de luchar por la santidad y de desempeñar su tarea con generosidad. He sido testigo de estas gracias, por ejemplo, constatando las muchas bendiciones recibidas por los 1200 sacerdotes venidos a Ars a un encuentro internacional en septiembre de 2009.

Paradójicamente, este año ha estado marcado dolorosamente, de modo particular en algunos países europeos, por las revelaciones de graves fallos morales por parte de varios miembros del clero, que han sido ampliamente divulgados -a veces con cierta complacencia- por los medios. Tal vez no sea sorprendente: no hay gracias de Dios sin un contrapeso de combate y sufrimiento. Y sobre todo, a través de estas revelaciones difíciles, el Señor quiere enviar a su Iglesia, y al clero en particular, una fuerte llamada a la conversión y a la renovación espiritual, como el Papa Benedicto XVI ha expresado muy bien. Me parece que la recopilación de testimonios que se nos propone en este libro está bien desarrollada en este contexto.

Nos lleva de nuevo a la evidencia de que, aunque algunos sacerdotes no siempre se comportan de una manera coherente con la vocación que han recibido, la gran mayoría están animados por una gran fidelidad a las exigencias de su ministerio, un genuino deseo de conformar su vida con el Evangelio y una preocupación admirable por el bien de aquellos que tienen a su cargo.

Estos testimonios son muy conmovedores, y nos recuerdan hasta qué punto el sacerdocio es un don para la Iglesia y para toda la humanidad.

El Concilio Vaticano II dijo acerca de los sacerdotes: «La obra divina, para cuya realización los tomó el Espíritu Santo, trasciende todas las fuerzas humanas y la sabiduría de los hombres, pues "Dios eligió los débiles del mundo para confundir a los fuertes" (*1Cor* 1,27). Conociendo, pues, su propia debilidad, el verdadero ministro de Cristo trabaja con humildad, buscando lo que es grato a Dios, y como encadenado por el Espíritu, es llevado en todo por la voluntad de quien desea que todos los hombres se salven» (PO 15).

Este libro es una buena ilustración de las palabras del Concilio. Muestra cómo a través de las limitaciones y la pobreza del hombre (siempre y cuando tenga confianza en la gracia de su ordenación, se abra a las llamadas del Espíritu, y generosamente quiera ser un instrumento de la infinita misericordia de Dios), el Señor puede hacer verdaderos milagros de conversión, sanación, consolación.

Llevando un tesoro en vasija de barro, el sacerdote, en virtud de su ordenación, participa realmente de esta unción que reposaba sobre el mismo Cristo, como se expresa en las palabras del profeta Isaías que Jesús leyó en la sinagoga de Nazaret al inicio de su ministerio: «El Espíritu del Señor está sobre mí, porque me ha ungido para anunciar a los pobres la Buena Nueva, me ha enviado a proclamar la liberación a los cautivos y la vista a los ciegos, para dar la libertad a los oprimidos y proclamar un año de gracia del Señor» (*Lc* 4,18-19).

Si es fiel a la oración, deseoso de responder a la llamada que se le ha hecho, dedicado a su ministerio, el sacerdote entra poco a poco en el camino de la conformación con Cristo. Es revestido progresivamente de los sentimientos del Corazón de Jesús, de su dulzura, de su humildad, de su bondad, y sobre todo de caridad pastoral, de amor de buen pastor, que debe ser su marca distintiva. Como Jesús, él siente compasión de la gente, porque están «como ovejas que no tienen pastor» (*Mc* 6,34). Él tiene una particular predilección por los pobres, los más pequeños, los más dañados o pecadores, y está dispuesto a dar su propia sangre por ellos. Esta caridad pastoral encuentra su principal alimento en la Eucaristía. Cuando el sacerdote dice en la misa «tomad y comed», no sólo es el Cuerpo de Cristo, sino también su propia vida la que ofrece en alimento al pueblo del que es pastor.

Configurado con Cristo, el sacerdote se convierte en icono del Padre: «Quien me ve a mí ve al Padre» (*Jn* 12,45 y 14,9). Recibe progresivamente la gracia de la paternidad, que no tiene nada que ver con una reivindicación de poder. Por el contrario, ser padre es vaciarse de uno mismo para permitir al otro vivir en plenitud.

Cada vez estoy más sorprendido por constatar cómo, en nuestro mundo, hay una gran sed de paternidad. Ya sea en los jóvenes, los adultos, las madres, incluso los ancianos tienen una gran necesidad de encontrar en su camino verdaderos padres, imagen de la paternidad de nuestro Dios.

La paternidad comporta dos vertientes indisociables. Por una parte, un amor incondicional, una misericordia sin límites, una acogida total del otro, cualesquiera que sean sus limitaciones y sus fallos. El padre siempre tiene una mirada de esperanza para su hijo. Cree en el otro, incluso cuando el otro ya no cree en sí mismo. Tiene una particular ternura por los más pobres, los más pequeños, los más heridos. Tiene una paciencia sin límites, basada en la esperanza. Nunca tiene una mirada de desprecio, dureza o rechazo.

Por otra parte, la verdadera paternidad implica la transmisión de una palabra, de una exigencia de la verdad, que traza para el otro un camino de conversión, de crecimiento y de vida. Ser padre significa ser testigo de una Palabra, de una exigencia que no abruma sino que hace crecer y libera. Ayuda a los demás a no quedarse encerrados en sus ambigüedades, en sus actitudes estériles e infantiles, en sus limitaciones en la percepción de la realidad. Alienta a reconocer los llamados de Dios, la llamada a ser verdaderamente nosotros mismos, y a responder con confianza.

Encontrar una verdadera paternidad es el don más precioso que existe. Da a la persona la seguridad de ser amada como ella es, la certeza del valor absoluto de su persona y, al mismo tiempo, le da la luz y el aliento necesarios para tomar decisiones que sean opciones de verdad y de vida. La paternidad comunica a los demás la seguridad íntima, tan necesaria, tan preciosa, y que no puede encontrarse en ninguna otra parte: la certeza de ser amado y la certeza de poder amar. Encontrar un padre significa tener la seguridad de ser amado y la seguridad de poder emprender, sin importar el pasado, un camino de crecimiento, de confianza en sí mismo, de confianza en el plan de Dios para su vida.

Para el sacerdote, la llamada a convertirse en el icono de la paternidad divina es una tremenda exigencia. Requiere conversión continua, en particular, para ser cada vez más pobre de sí mismo, de sus pretensiones, de sus necesidades de reconocimiento y éxito personal. Es también una inmensa felicidad: la alegría de dar la vida, de engendrar al otro a la verdadera vida, que nunca termina, la vida misma de Dios.

Gracias a quienes han realizado este libro, por todo el estímulo que dan los bellos testimonios que han recogido. Quiera Dios que éstos puedan dar a muchos sacerdotes una mayor confianza en la gracia que reposa sobre ellos. Y dar a muchos laicos una percepción más verdadera de ese don de Dios que es el ministerio sacerdotal, y el deseo de apoyar a sus sacerdotes y orar por un renacimiento de las vocaciones.

P. Jacques PHILIPPE
Fiesta del Sagrado Corazón, 11 de junio de 2010.

INTRODUCCIÓN

La oveja –sea blanca o negra– es, quizá, el animal más torpe que hay sobre la faz de la tierra. Es incapaz de sobrevivir sin la ayuda de un pastor. No puede huir de los peligros, ni se puede defender. Su horizonte no va más allá de la hierba que tiene debajo de los ojos, y por ello fácilmente se puede perder. Incluso corre peligro de morir ahogada si, al beber, se acerca demasiado al agua, pues si su lana se moja puede hacerse tan pesada que le hará imposible salir por sus propias fuerzas. En fin, una oveja sin pastor está condenada a muerte. Por eso «Jesús sintió compasión de la gente, pues estaban como ovejas que no tienen pastor» (*Mc* 6,34).

Y ahí está la promesa: «Os daré pastores según mi corazón» (*Jer* 3,15).

Desde hace dos mil años el sacerdocio católico acompaña ininterrumpidamente a la humanidad, y no ha dejado de atraer la atención de los hombres. Nuestros días no son la excepción.

La historia ha sido esculpida por estadistas, pensadores, artistas, científicos, exploradores, revolucionarios y santos. De todos estos, no pocos han sido sacerdotes. Pero su principal influencia no ha sido directamente en la historia «macroscópica» del mundo, sino sobre todo a través de su presencia en esa breve historia personal de cada hombre.

Un sacerdote nos abre los brazos de la Madre Iglesia desde nuestros primeros días con el bautismo. Nos acompaña durante nuestra peregrinación terrena, en los días ordinarios y en los momentos decisivos, en los éxitos y las alegrías, pero también cuando lloramos nuestros pecados. Y un sacerdote nos entregará, finalmente, a las manos de Dios cuando éstas escriban el «punto y seguido» de nuestra vida.

Y esto es porque Jesucristo, antes de partir, prometió que estaría con nosotros hasta el final de los tiempos. Este libro pretende hacernos palpar que esa promesa se sigue cumpliendo. Que la multiplicación de los panes, las curaciones, la historia del buen samaritano, de la oveja perdida y otras muchas páginas del evangelio no pertenecen al pasado, sino que siguen ocurriendo en nuestros hospitales, en nuestras calles, en nuestras ciudades, en nuestros días. Porque el sacerdote «no actúa nunca en nombre de un ausente, sino en la Persona misma de Cristo Resucitado, que se hace presente con su acción realmente eficaz. Actúa realmente y realiza lo que el sacerdote no podría hacer» (*Benedicto XVI*, 14/IV/2010).

Pero el gran misterio está en que el Pastor Eterno encargó su rebaño precisamente a una oveja, y que además había estado perdida. «Apacienta mis ovejas» (*Jn* 21,16) dijo a Pedro, que le había negado poco antes. Y esto es lo que experimenta cada sacerdote al ser nombrado pastor. Porque él mismo ha estado más de una vez sobre los hombros del Buen Pastor, y ahora tiene que salir en busca de la oveja perdida.

«Todo Sumo Sacerdote es tomado de entre los hombres y está puesto en favor de los hombres en lo que se refiere a Dios para ofrecer dones y sacrificios por los pecados; y puede sentir compasión hacia los ignorantes y extraviados, por estar también él envuelto en flaqueza. Y a causa de esa misma flaqueza debe ofrecer por los pecados propios igual que por los del pueblo. Y nadie se arroga tal dignidad, sino el llamado por Dios, lo mismo que Aarón» (*Heb* 5,1-4).

La vida del sacerdote es una vida en blanco y negro. El contraste continuo entre la acción de Dios y las propias limitaciones acompaña a cada sacerdote durante toda la jornada. Se siente débil, pero tiene que sostener a los demás. Uno le escupe y otro, poco después, le besa la mano. Conoce sus propias miserias, pero presencia con asombro las maravillas que Dios obra a través de sus pobres manos. Los sacerdotes están acostumbrados a presenciar «en primera fila» estos momentos de la gracia de Dios.

Con ocasión del año sacerdotal convocado por Benedicto XVI, el sitio de Internet Catholic.net convocó un concurso dirigido a sacerdotes, con el fin de recopilar estas historias, contadas por los testigos oculares en persona. Se recibieron casi mil relatos, de 78 países. «Estos se han escrito para que creáis que Jesús es el Cristo, el Hijo de Dios, y para que creyendo tengáis vida en su nombre» (*Jn* 20,31).

Este libro recoge los relatos más significativos, formando como un cuadro que, aunque sólo sea con cien pinceladas, nos quiere reproducir el verdadero rostro del sacerdocio católico, mostrándonos cómo viven y qué hacen esos miles y miles de sacerdotes que quizá nunca aparecerán en los periódicos. Un cuadro que nos permita apreciar las innumerables facetas de esta vocación: en las grandes ciudades, en las aldeas más inaccesibles, en hospitales y escuelas, en televisión e internet, en guerras y cárceles...

Encontrarse con cada una de estas cien historias, como si se tratara de las cien ovejas del evangelio, produce una gran alegría al corazón. Es bien sabido que contar ovejas produce sueño. En cambio, pocas cosas hay tan fascinantes como contar historias de pastores, y eso es lo que hace este libro.

Espero que muchos jóvenes escuchen, entre las líneas de estas «actas del amor de Dios», la voz del Dueño de la mies que les dice «ven y sígueme» (*Mt* 19,21).

* * *

Ahora quisiera agradecer a todos los que han hecho posible este libro, que es fruto de un proyecto enorme, que jamás hubiera podido ser realizado por una sola persona. Podríamos resumir las diversas fases en: recopilación de historias, revisión, clasificación, selección, traducción y, finalmente, la edición de este pequeño volumen que, como la miel, es resultado de lo mejor de muchas flores. Quizá por ello es tan dulce su lectura.

Ante todo quiero agradecer a los más de seiscientos sacerdotes que participaron en el concurso sacerdotal de Catholic.net, y especialmente a los que aparecen en este libro. También a la Sra. Lucrecia Rego de Planas, directora de Catholic.net, así como a su equipo de trabajo, por todo el apoyo en la organización. Otra pieza clave en esa fase fue el padre Ignacio Sarre. Gracias por su ayuda constante.

En la revisión de historias fue esencial el trabajo del comité organizador. Agradezco el esfuerzo abnegado de todos los miembros, así como las incontables ayudas prestadas. Un agradecimiento también a todos los estudiantes legionarios de Cristo que colaboraron en la traducción de textos. Sin duda sus nombres están escritos en el cielo, pero también están en la página de copyright, al inicio de este libro.

Y, por último, el agradecimiento principal, a quien inspiró el proyecto, lo alentó y protagonizó cada una de las historias: Dios nuestro Señor. Todo este esfuerzo es para su Gloria y para el triunfo de su Reino.

Fernando Morales, LC

Roma, 25 de abril de 2010.
Jornada de oración por las vocaciones, en el año sacerdotal.

I. LLAMÓ A LOS QUE ÉL QUISO

Al ver a la muchedumbre, sintió compasión de ella, porque estaban vejados y abatidos como ovejas que no tienen pastor. Entonces dice a sus discípulos: «La mies es mucha y los obreros pocos. Rogad, pues, al Dueño de la mies que envíe obreros a su mies».

(Mt 9,36-38)

«La primera comunidad cristiana se constituyó, en su núcleo originario, cuando algunos pescadores de Galilea, habiendo encontrado a Jesús, se dejaron cautivar por su mirada, por su voz, y acogieron su apremiante invitación: "Seguidme, os haré pescadores de hombres" (*Mc* 1, 17; cf. *Mt* 4, 19). En realidad, Dios siempre ha escogido a algunas personas para colaborar de manera más directa con Él en la realización de su plan de salvación. En el Antiguo Testamento al comienzo llamó a Abrahán para formar "un gran pueblo" (*Gn* 12, 2), y luego a Moisés para liberar a Israel de la esclavitud de Egipto (cf. *Ex* 3, 10). Designó después a otros personajes, especialmente los profetas, para defender y mantener viva la alianza con su pueblo. En el Nuevo Testamento, Jesús, el Mesías prometido, invitó personalmente a los Apóstoles a estar con él (cf. *Mc* 3, 14) y compartir su misión» (*Mensaje de S.S. Benedicto XVI para la XLIV Jornada de Oración por las Vocaciones*).

Desde entonces el Señor no ha perdido la costumbre de llamar «a los que Él quiere», incluso aunque parezcan «ovejas negras». No abandona a su rebaño y sigue dándole pastores que lo guíen y alimenten, con las instrucciones: «Id a las ovejas perdidas de la casa de Israel» (*Mt* 10,6) y «dadles vosotros de comer» (*Mt* 14,16).

1. Cómo fundar un seminario

Hernán Jiménez, LC
Ciudad de México

Fue en 1991, en el norte de Italia. Mis superiores me habían encargado fundar un seminario, lo cual no es nada fácil. Sin embargo, a pesar de tanto trabajo, fui a visitar a un joven de veintisiete años, enfermo de sida. Lo llamaré «Lauro».

Era mi primera experiencia. Una característica general de los enfermos terminales es la monotonía de las horas que pasan lentamente ante la cruda realidad: no queda más que esperar la muerte. Se confesó y comulgó después de varios años.

Las visitas a Lauro se multiplicaron. Pasé de ser el «sacerdote que visita al enfermo» a ser el «sacerdote-amigo» y, en poco tiempo, el «amigo que es también sacerdote». Y aquí inicia el milagro.

Un día iba por la carretera para visitar a Lauro. Una idea me molestaba: «Tú llegas, te paras allí media hora, bromeas, lo confiesas y después lo dejas en su martirio. ¡No basta!...» Pero no sabía qué hacer. De pronto, una voz me habló. La escuché tan claramente que me giré dentro del auto para ver quién me había hablado. Luego se repitió muy fuerte. La voz venía de dentro de mí: «Detente en la próxima iglesia y pide un crucifijo». Fue sorprendente. Me paré en la primera iglesia, –afortunadamente conocía al párroco– entré y le dije en voz baja: «Padre, necesito un crucifijo». «¿Un crucifijo?» Respondió extrañado. «Sí, no me pregunte para qué, porque tampoco yo lo sé». Fuimos a la sacristía y me dio uno lleno de polvo. Le agradecí y volví al coche. Aún quedaba media hora de camino. Apagué la radio para tratar de comprender qué tenía que hacer. Al llegar iba a salir del coche sin el crucifijo, pero al verlo entendí todo. Entré en la casa. Conversé con Lauro y al final le dije:

«Lauro, te quiero dar un regalo. Depende de tu respuesta. ¿Estás listo?» Pensó que era una broma. Le pregunté: «¿Quieres ser misionero?» Puso cara de extrañeza. Le enseñé el crucifijo y le dije: «Míralo bien: tú estás clavado a la cama y Él está clavado a la cruz, por eso te entiende. Pero hay una diferencia: Él era inocente y se ofrecía por nuestra salvación, y en cambio tú... Lauro, ¡son casi idénticos!» Él, sin quitar los ojos del crucifijo, asentía. Dios estaba penetrando su corazón. Percibiendo esto, continué: «Tú tienes un tesoro inmenso: sufrimientos, soledad y a veces también angustia. ¡No lo desperdicies! Si ofreces esta montaña de dolor a tu Amigo, ¡puedes salvar el mundo! ¡Dios no puede resistir ante tu ofrenda!»

Con los ojos llenos de lágrimas levantó su mano lentamente hacia la cruz y me dijo: «Ya entiendo». «No, aún no termino. Mira, mis superiores me han encargado abrir un seminario en seis meses y tengo que encontrar casa, permisos, dinero y vocaciones. Además, cada día encuentro muchos casos difíciles y no sé cómo ayudar a todos; por ello te propongo ser misionero conmigo. Cada vez que encuentre un caso difícil te llamaré, tú rezarás y ofrecerás el dolor por ellos y por el seminario. De verdad, yo solo no puedo, pero contigo sí. ¿Me ayudas?» Y asintió con la cabeza.

La lista de casos difíciles aumentaba. En las visitas a Lauro le refería sucesos, dificultades, nombres y él absorbía cada detalle para llevarlo al altar de su sufrimiento. Ahora era él quien me animaba. ¡Increíble!

El día de la fundación del seminario, en el mismo momento en que celebraba la misa de inauguración pensando en Lauro, Dios se lo llevó. Fue sepultado con su crucifijo de misionero en el pecho. No pude participar en su funeral y cuando fui a visitar a su madre, ella misma me contó algunos particulares. Los últimos meses Lauro pedía que le sostuvieran la cruz delante de sus ojos durante horas y él rezaba mientras le iban leyendo la lista de casos difíciles. Oraba profundamente y luego decía: «Otro mamá» y ella leía el nombre siguiente.

Su madre no conocía toda la historia, así que se la conté. Ella me escuchaba conmovida, pero cuando mencioné el nombre de la iglesia donde conseguí el crucifijo, rompió en llanto. Después de unos momentos me preguntó: «¿De dónde dijiste que tomaste esa cruz?» «De la parroquia de Pernate», le respondí. Volvió a llorar. Y entonces me dijo: «Vivíamos allí cuando Lauro nació, y fue en esa misma iglesia donde fue bautizado».

2. ENGENDRADO POR EL BAUTISMO

José Rodrigo López Cepeda, MSpS
Guadalajara (México)

Visitando mi ciudad natal, cedí a la petición de mi madre de ir a ver a una amiga suya internada en el hospital. Estando en la habitación de la enferma, se acercó a mí una de las enfermeras y me pidió si podría ver a un anciano sacerdote que estaba muy grave. Sin indagar más me despedí de la amiga de mi madre y me dirigí a terapia intensiva en donde estaba mi hermano en el sacerdocio.

Al entrar fue muy grande mi sorpresa pues aquel anciano sacerdote, ciertamente muy grave, era el sacerdote que me había bautizado. Estaba inconsciente. Me presenté a la persona que lo cuidaba y se echó a llorar cuando le dije que yo había sido bautizado por aquel sacerdote.

Y me dijo: «Padre... el Señor Cura supo de su ordenación sacerdotal allá en Europa, y decía que no quería morirse sin ver a su hijo sacerdote, pues él le había engendrado a la fe por el agua del bautismo». Y allí estaba yo ungiendo y presentando al Señor a ese siervo fiel que me había regalado la gracia que ahora me permitía a mí bendecirlo.

Este hecho ha marcado mi vida sacerdotal, pues yo también estoy llamado a engendrar a la vida de fe a muchos por el bautismo, pero más aún por mi forma de vivir la fe. No sé cuántos de los que yo he bautizado haya llamado Dios a servirle, pero desde entonces, cada vez que presento un niño en la pila bautismal hago una petición en mi interior: «Que el día de mañana, Señor, uno de ellos me ayude a ir a tu encuentro».

3. ¿NO ESTOY YO AQUÍ QUE SOY TU MADRE?

Adrián Alberto Calvo Quirós
Cartago (Costa Rica)

Desde muy pequeño sentí el llamado al sacerdocio. Mi experiencia de familia y la vida eucarística de mi parroquia me impulsaron, desde pequeño, a trazar un ideal que poco a poco se iba cristalizando. Ingresé al Seminario Nacional de Costa Rica en marzo de 1996, con apenas 17 años de edad, con una intención muy sincera y muchos deseos de servir a Jesús.

Al año siguiente, en mi segundo año de seminario, Dios permitió una prueba para irme purificando más en mi opción y entrega a Él: se llevó a mi madre consigo luego de una breve enfermedad. Dolor profundo en el corazón de cualquier hijo. Pero si yo deseaba servir al Señor, debía preparar mi alma para la prueba, como dice el Eclesiástico. Ese dolor era parte de mi formación sacerdotal. Sin embargo, yo no me había quedado solo; había una Madre que quería hacerse cargo de mí: la Santísima Virgen María, que quería, en medio del sufrimiento, enseñarme a obedecer. «Desde hoy serás mi buena Madre. Encárgate tú de ayudarme en mi camino al sacerdocio» –le dije–.

Pasaron seis años, no sin pruebas o dificultades. Recibí los ministerios del lectorado y del acolitado. Sin embargo, aunque todo «caminaba bien» humanamente hablando, Dios quería más de mí y vendría otra prueba: el rector del seminario me pidió, al final de mi penúltimo año de formación, que me retirara por un tiempo del seminario para madurar más mi vocación. Yo no comprendía, pero Dios todo lo ha hecho bien. Yo, en mi corazón, sentía que mi llamado era al sacerdocio ¡y después de seis años me piden que me retire para que lo piense y medite! Estaba destrozado; fue una verdadera prueba de fe y de absoluta confianza. Lloré mucho. Mi seguridad no tenía que estar en mi corazón, sino en Dios. María estaba allí, consolándome. El rezo del rosario durante mis tres años fuera del seminario me ayudó a continuar. Fueron tres años de verdadera formación. Dios me quería sacerdote, pero mi corazón debía aprender a confiar sólo en Él.

En este tiempo fuera del Seminario tuve la dicha de visitar México. Recuerdo cómo de niño, sentado junto a mi madre, ella me contaba la bella historia de las apariciones de la Virgen de Guadalupe, que quedaron grabadas en mi corazón. ¡Allí estaba yo, frente a su Basílica! Entré, y mis manos sudaban de emoción. Una sensación de ternura y amor invadió mi corazón, como hacía mucho no lo sentía. Estaba frente al cuadro de una Virgen tierna. Yo lloraba como niño y sentía dirigidas a mí las palabras que Ella le dijo a Juan Diego: «¡No tengas miedo! ¿No estoy yo aquí que soy tu Madre? ¿No estás acaso en mi regazo?»

«¡Madre mía! –le dije– Tú sabes lo que yo amo el sacerdocio; te lo pido, por favor, ayúdame, llévame de nuevo al seminario, quiero ser sacerdote de tu Hijo. ¡Recuerda que la única madre que ahora tengo eres Tú! ¡Cumple tu promesa! Te prometo que un día vendré a celebrar la santa misa a esta tu casa».

Y la intercesión de la Llena de Gracia no me defraudó: quedé misteriosamente consolado, escuchado y fortalecido, pero lo comprendería perfectamente unos años después.

Ingresé nuevamente al Seminario en 2005, y ya para el 2006 el señor obispo me envió a una parroquia a realizar experiencia pastoral. Una tarde de ese año nos llamó a dos compañeros y a mí para decirnos que decidía ordenarnos diáconos; que nos preparáramos, pues sería el sábado 22 de julio a las 10:00 a.m. Pueden imaginarse ustedes lo que mi corazón sintió cuando veía ya tan cerca el deseo de toda mi vida luego de tantas pruebas. ¡Estaba a pocos días de recibir el sacramento del Orden como diácono, previo al sacerdocio! Sabía que María había intercedido.

Recibí efectivamente el diaconado, en la fecha y la hora fijadas por el señor obispo. Mi corazón estaba lleno de alegría. Con el diaconado había dado un «sí» definitivo a Dios.

Pasaron los días y llegó la ordenación sacerdotal. Cuando preparaba la maleta para irme al retiro previo a la ordenación presbiteral, encontré en mi escritorio un sobre que yo había guardado y no recordaba. Estaba lleno de fotos de mi viaje a México. Comencé a observarlas con detenimiento, una a una. Me encontré con las fotos de la Basílica de Guadalupe, y entre ellas había una que me llamó poderosamente la atención: un amigo me la tomó frente al cuadro de Nuestra Señora. Hasta se me veían los ojos hinchados por todo lo que había llorado. En un extremo de la fotografía estaban el día y la hora en que fue tomada: la vi, quedé congelado y lloré de la emoción: 22 de julio del 2002, 10:00 a.m. ¡La misma fecha y la misma hora en que mi obispo me ordenó, era la misma fecha y hora en que, cuatro años antes, supliqué a María por el sacerdocio! ¿Coincidencia? Para muchos tal vez sí; pero una cosa he aprendido en mis pocos años de ministerio: los sacerdotes debemos aprender a ver todo con ojos de fe, como María. ¿Comprenden por qué todos los que se sienten llamados al sacerdocio y los que ya lo somos debemos confiar y recurrir a Ella? Con casi tres años de sacerdote, ahora también párroco, quiero decir a todos: ¡soy feliz de ser sacerdote, y no lo cambiaría por nada! ¡Sacerdote de Jesús para siempre, y con la mejor Madre por siempre!

4. ¿HAS SENTIDO LA VOCACIÓN?

Máximo Rafael Pérez Patiño, OCD

República Dominicana

A los tres meses de mi ordenación sacerdotal, una tarde regresaba a casa en mi coche, después de haber celebrado una Eucaristía. Vi un joven que caminaba por la carretera a pie; regresaba a su casa después de clases. Sentí en mi corazón que debía ofrecerle llevarle a su casa, porque yo pasaba enfrente.

Paré el vehículo y le invité a entrar. Él aceptó y, ya en marcha, le pregunté: «¿Sabes quién soy?» Me respondió que no. Le dije: «Yo soy uno de los sacerdotes de la parroquia». Inmediatamente le pregunté: «¿En algún momento has sentido la vocación sacerdotal?» Y respondió que sí. Tiempo después inició el proceso vocacional conmigo, que duró dos años. Luego ingresó al seminario carmelita y hoy es sacerdote.

5. Dios tiene sentido del humor

Robert V. Reagan
Orlando (Estados Unidos)

Llamó a Pedro, que lo había negado tres veces. Llamó a Tomás, que dudaba de su resurrección. Llamó a Judas, que lo iba a traicionar. Incluso me llamó a mí, el menos apto de todos para ser escogido como pescador de hombres: un viejo (52 años), divorciado y discapacitado, veterano de la guerra de Vietnam. Pero yo sabía que estaba bien acompañado.

Cuando finalmente tuve el valor de contactar al director de vocaciones él me dijo que no perdiera mi tiempo, porque la norma de la diócesis era no aceptar a nadie mayor de 40 años como candidato al sacerdocio. Me dijeron que, si acaso, con 45 años de edad, si fuera muy conocido en la diócesis y tuviera muchas recomendaciones. Sabiendo esto, volví a contactar al director de vocaciones y le pregunté si esa norma de límite de edad estaba ya esculpida en piedra o si era algo negociable. Me aseguró que ya estaba muy bien esculpida. Entonces mi párroco me aconsejó hablar directamente con el obispo. Yo estaba asustado. ¿Qué podría decirle? «Gusto en conocerle, señor obispo. Por cierto, creo que sus normas de admisión apestan...» Para no hacer larga la historia, hablé con el obispo y tuvimos una maravillosa conversación. Al día siguiente me enteré, por medio del director de vocaciones, que yo ya no era tan viejo como la vez anterior. Podía ser admitido.

Mientras avanzaba el proceso de admisión y selección para entrar al seminario, muchas de las personas encargadas me preguntaron cuáles eran mis motivaciones. Algunos pensaban que yo tenía más «crisis de los 50» que vocación. Les dije que si tuviera la crisis de los 50, iría en un auto deportivo rojo con una rubia, en vez de estar buscando celibato, obediencia y sencillez de vida.

Cuando fui aceptado, muchos me llamaban «vocación tardía». Nunca he estado de acuerdo con ese concepto, y siempre respondo: «Nada de tardío; en cuanto fui llamado yo vine».

Dado que yo nunca había estudiado nada de filosofía, tendría que hacer 6 años de estudios, con un año de experiencia pastoral. Yo no tenía problema. Yo estaba dispuesto a cualquier cosa para llegar a la ordenación. Hacia el final del cuarto año el rector me llamó a su oficina y me dijo que acababa de hablar con el obispo. Había decidido ordenarme en mayo. En ese momento se me podía derribar tocándome con una pluma... ¡Yo nunca había pedido ni había esperado ningún atajo!

Antes de mi ordenación, aquel director de vocaciones, el que no quiso aceptarme al inicio, me dijo que pidió al obispo que me mandara a su parroquia como sacerdote. Era una parroquia peculiar porque tenía dos comunidades en una misma iglesia: una comunidad americana y una comunidad vietnamita. Los vietnamitas tenían su propio sacerdote y diácono y tenían la liturgia en su propia lengua. Fui invitado a asistir a sus actos litúrgicos y a sus eventos. Incluso yo presidía su misa muchas veces, cuando su sacerdote no estaba.

Durante la guerra de Vietnam yo bombardeé casi todos los días varias zonas del país desde un B-52. Después de todos estos años Dios me dio la oportunidad de reparar algo del daño. Antes los perseguí; ahora los ayudaba a salvar sus almas. Esta experiencia me ayudó a entender a San Pablo y su celo. Se cerró el círculo de mi vida.

6. CON DIOS TODO ES POSIBLE

Hung Phuoc Lam, OP
Saigón (Vietnam)

«Yo te bautizo en el nombre del Padre y del Hijo y del Espíritu Santo». Estas son las palabras que todo ministro usa al bautizar. Pero para mí tienen un significado muy especial, porque yo bauticé a mi propio padre.

Nací en una familia pagano-católica. Mi padre veneraba a sus ancestros y mi madre era católica; mi tía era monja budista, pero aun así fui bautizado cuando era bebé. Mi padre era muy severo y prohibía a mi madre ir a la iglesia –y por lo tanto también estaba prohibido para mí–. Quizá la razón era que, en una ocasión, su taxi se descompuso y tuvo que dejarlo frente a la iglesia para repararlo, pero mientras lo hacía el sacerdote vino y lo reprendió. Desde entonces se llenó de prejuicios contra los sacerdotes y contra la Iglesia, y el resultado inevitable era esta prohibición a los miembros de mi familia.

También hubo otro incidente relacionado con esto. Aquí, cuando llueve, diluvia. Un día, durante un fuerte aguacero, él y su familia se refugiaron en una iglesia, pero una monja los expulsó porque no quería que ensuciaran. Desde entonces la fe de la Iglesia perdió todo su significado para él.

Sólo puedo decir que esta situación era muy triste. Yo seguí confiando en Dios. Rezaba. Le rogaba que cambiara el corazón de mi padre costara lo que costara. No excluí mi propio llamado. Y fue así como él quiso responder.

Dios me llamó a la orden dominicana. Tenía 26 años. Mi padre no aceptó mi vocación. Fue entonces cuando entendí las palabras del Evangelio: «No vine a traer paz, sino espada» (*Mt* 10,35-36). De hecho, no sabía qué responder cuando mi padre me dijo: «¡Te prohíbo ser católico y ahora quieres ser sacerdote católico! ¿No te das cuenta de cómo son los sacerdotes y las monjas?» Tomó una actitud indiferente hacia mí y casi me abandonó. De todos modos yo seguí adelante, en silencio, confiando en Dios. Y todos los días recé por él con mi madre.

Días, meses y años pasaron. Dios cambió a mi padre. Lo hizo de verdad. Mi padre aceptó mi vocación cuando presenció la profesión de mis primeros votos. Luego hice mis votos finales en la orden dominicana. Participó en la celebración y gradualmente fue desapareciendo su prejuicio contra la Iglesia. Antes de mi ordenación le dije que me gustaría mucho que dejara a mi madre ir a la iglesia. Él aceptó y mi madre rebosaba de felicidad; después de 33 años podría finalmente practicar su fe. Fue una gran alegría el día de mi ordenación, pues la paz regresó a mi familia. Recibí aquello que pensaba haber perdido. En mi ordenación mi padre reconoció: «He sido derrotado por Dios; no le puedo arrebatar a mi hijo. Mi hijo es sacerdote. Está decidido; es un hecho».

Cuatro años después sucedió algo maravilloso. Mi padre expresó su deseo de ser cristiano y lo bauticé en 2006. Bauticé a mucha gente, pero jamás olvidaré el momento en que bauticé a mi padre.

Dios derrotó a mi padre. El Señor hizo cosas grandes por mi familia: yo era un chico normal en una familia pagana, y ahora soy sacerdote; mi padre pasó de perseguir la fe a ser un buen padre católico.

Esto fue obra de Dios. Todo es para su gloria. Me dio más de lo que yo le pedí en más de 20 años de oración silenciosa y perseverante. Él, con su poder, hace milagros en cosas normales. Me sentí muy inspirado por el ejemplo de oración silenciosa y perseverante de Santa Mónica. Dios me usó como su instrumento para su gloria y para la salvación de los demás. ¡Con Dios todo es posible!

7. FUI SU HIJO, Y DESPUÉS SU PADRE.

Jonás C. Achacoso

Talibón (Filipinas)

Eran las 9:47 de la mañana del 30 de octubre de 2009. Mi padre presentía que estaba por suceder lo peor, así que tomé el kit de emergencia para enfermos y anuncié a los presentes que iba a administrar el sacramento de la unción a mi madre. Respirando con dificultad, ella respondió a todas las oraciones. Después, sostuve su cuerpo devastado por el cáncer mientras ella seguía repitiendo: «Oh María, concebida sin pecado original, ruega por nosotros que recurrimos a ti». Todos repetimos lo mismo varias veces hasta que mi madre ya no respondía. Así supimos que nos había dejado. Nuestra fe nos aseguraba que era un buen modo de dejar este mundo; que era una buena muerte.

Comencé la historia en su clímax, pero la parte más interesante no está allí. El verdadero drama tuvo lugar una vez que el oncólogo nos informó que el cáncer ya estaba completamente expandido y que había poco qué hacer. Mi madre decidió dejar el hospital y pasar sus últimos momentos en el calor del hogar, con la familia. Nuestra salida del hospital era más bien como entrar en un espacio y un tiempo donde todo parecía estar fuera de nuestro control. Fue como si Dios no nos hubiese dado otra opción que abandonarnos a su Divina Providencia. En todo caso, el resultado no fue frustración sino más amor y cuidado por mi madre, y paz para toda la familia.

Decididos a complacerla en todo, mis hermanos asaban alitas de pollo, tal como a ella le gustaban, o le preparaban su sopa favorita. Yo, como sacerdote, atendí las peticiones que nadie más podía satisfacer. Escuché su última confesión, recibió de mis manos el sacratísimo Cuerpo de Cristo y, en tres ocasiones, le administré la unción de los enfermos. Finalmente, la noche anterior a su muerte, tomó mi mano derecha y la colocó sobre el área de su cuerpo afectada por el cáncer, diciéndome: «Bendíceme, padre...» Sin ella saberlo, acababa de conmover el rincón más íntimo de mi corazón, allí donde se unen inexplicablemente lo biológico y lo espiritual, lo humano y lo divino. Tras escuchar esta súplica de sus labios tuve que hacer un gran esfuerzo para reponerme. Yo era para ella un hijo y, ahora, también un padre.

Poco después celebré la misa de exequias en compañía del obispo y de muchos de mis hermanos en el sacerdocio. Temía ser vencido por la emoción del momento. Sin embargo todo salió bien gracias a la profunda convicción de que, celebrar el funeral de mi propia madre, era un privilegio especial. Debo reconocer que tuve que tomar algunas medidas de precaución, como escribir de antemano la homilía. He aquí un fragmento de ella:

«San José María Escrivá solía decir que el 90% de la vocación viene de los propios padres. Mi vocación es una prueba de ello. Cuando tenía doce años mi mamá me dijo que hiciera el examen de admisión al seminario. Ella misma me llevó a presentar la prueba. De camino me dijo que, cuando se me preguntara «¿por qué quieres ser sacerdote?», debía responder «¡porque quiero servir a Dios!» En efecto, me fue hecha esta pregunta, y pasé el examen. Esto fue un entrenamiento sencillo por parte de mi madre, el cual, hasta ahora, ha sido la luz que ha guiado mi ministerio, a ejemplo de Cristo. ¡Jesús no vino para ser servido, sino para servir!»

Verdaderamente es un gran privilegio, especialmente en este año sacerdotal, poder prestar mi servicio sacerdotal a mi propia madre. San Juan María Vianney, en agradecimiento al niño que le indicó el camino a Ars, le dijo: «Gracias por mostrarme el camino a Ars... yo te mostraré el camino al cielo». Gracias mamá: tú me indicaste el camino hacia el sacerdocio; yo a ti el del cielo.

8. Señor, dame un hijo sacerdote

José Antonio Cano Cano
Cartagena (España)

Provengo de una familia cristiana. Estudié en un colegio de las Hijas de la Caridad. Al acabar la carrera universitaria decidí, finalmente, entrar al seminario.

Un día, siendo yo seminarista, llegó al pueblo una nueva religiosa Hija de la Caridad y quiso conocer a mi familia. Llegó a casa y saludó a mis padres. Recuerdo este momento como algo impactante en mi vida, algo difícil de describir. Ella preguntó a mi madre qué le parecía que yo estuviese en el seminario, y mi madre respondió que le parecía muy bien. La hermana continuó preguntando: «¿Está usted, entonces, contenta con que su hijo vaya a ser sacerdote?» Entonces mi madre, sin contestar ni una palabra, se dirigió a su habitación, sacó una estampita ya vieja, que decía: «Oración de una madre para pedir un hijo sacerdote». La hermana se sorprendió y preguntó a mi madre si rezaba esa oración. Mi padre respondió: «La reza cada día».

Fue algo impactante para mí, pues yo no lo sabía. Mi madre, calladamente, había hecho esa oración diariamente, aun cuando una vez me dijo, ante mi propuesta de entrar al seminario, que esperase un poco. Yo lo único que pude decirle fue: «Ahora lo entiendo todo; por más que yo me resistiera a entrar en el seminario, la batalla la tenía perdida ante una madre que cada día se pone ante Dios para pedir la gracia de tener un hijo sacerdote».

Fueron su oración, su vida, y su educación cristiana, los medios de que Dios se sirvió para que yo hoy pueda ser sacerdote; por eso agradezco a Dios la oración y el testimonio de mi madre.

9. MI MEJOR INVERSIÓN

Arikotla Vidya Sagar, SDB
Hyderabad (India)

Cuando yo tenía cuatro años hubo una ordenación sacerdotal en nuestro pueblo, una aldea inaccesible y lejana de la ciudad. Era la primera vez que se celebraba una ordenación en toda la región. Esto es comprensible porque el cristianismo era una religión nueva en una zona dominada por el hinduismo. Tanto mi madre como mi padre recibieron el bautismo católico el mismo día de su boda. Además, los sacerdotes católicos eran considerados como dioses. Cientos de personas de diversas castas y religiones vinieron al pueblo para presenciar la ordenación. Yo también fui con mi madre. Noté que muchas personas a mi alrededor derramaban lágrimas durante la emotiva ceremonia.

Toda aquella emoción me hizo percibir aquel evento como algo realmente extraordinario. Eso me motivó a querer ser como aquel sacerdote algún día.

Después de la ceremonia se dejaba un tiempo para presentar regalos al nuevo sacerdote. Había mucha gente haciendo una larga fila, llevando en las manos valiosos regalos, listos para ser entregados al sacerdote y recibir una bendición.

La fila estaba estrictamente reservada a los que llevaban regalos, para abreviar el tiempo. Entonces, muy devotamente, me puse en la fila.

Llegó mi turno. Me acerqué al sacerdote con mucha emoción, me dio su bendición y, entonces, escarbé en mi bolsillo y saqué una gran moneda de 25 paisas (menos de un centavo), y se la entregué solemnemente como mi regalo.

31

Los sacerdotes se impresionaron y sonrieron. Para mi sorpresa, uno de los sacerdotes mayores me tomó en sus brazos, me levantó y dijo a los presentes: «Este niño ha dado el mejor regalo de todos. Algún día será alguien especial». Esta escena se me quedó grabada en el alma hasta el día de hoy. Creo que fue entonces cuando Dios sembró en mí la semilla de la vocación.

Sin embargo yo no le di importancia entonces. Los parientes de aquel nuevo sacerdote siempre bromeaban conmigo sobre aquel hecho.

Pero lo serio de este asunto apareció tiempo después, cuando empecé a planear la ceremonia de mi propia ordenación sacerdotal en mi pueblo. Fui a hablar con aquel sacerdote y él me recordó que estaba celebrando su aniversario de plata. Mi ordenación sería un gran regalo, no sólo para él por su aniversario, sino para todo el pueblo, pues desde hacía 25 años no habían tenido ninguna otra ordenación sacerdotal. ¡Qué gran bendición recibía yo 25 años después a cambio de mis 25 paisas! Este pensamiento me llenó de asombro y me emocionó hasta las lágrimas, con un gran sentimiento de indignidad.

Cuando llegué al altar el día de mi ordenación aquellos pensamientos invadían mi mente. Dios tiene un plan para mi vida.

10. RECOGÍ EL MEJOR FRUTO

Roberto Olortegui Ramírez
Chimbote (Perú)

Nací en un pequeño pueblo de Perú, sencillo y de gente humilde y expresiva. A la entrada del pueblo, viniendo del norte, hay una pequeña colina llamada «Cerro de la Virgen». En su cima hay una capillita con la imagen de la Virgen del Carmen.

En casa teníamos una huerta con tres hermosos árboles frutales. Cuando el fruto maduraba y estaba muy alto, lo bajábamos con una o dos cañas unidas. Un día, tenía entonces siete años, estaba uniendo como siete cañas.

Y mi madre, creyendo que era para bajar un fruto, me dijo: «Pero hijo, ¿qué haces?». Le respondí:

– Es para llevarlo al Cerro de la Virgen, para abrir el cielo.

– ¿Y para qué quieres abrir el cielo?

– Es que quiero hablar con Dios.

– ¿Y qué le vas a decir?

– Le quiero preguntar qué debo hacer para ser sacerdote.

– ¿Y por qué quieres ser sacerdote?

– Porque quiero ser como el padre misionero que ha llegado.

Había llegado al pueblo un sacerdote franciscano que jugaba con los niños y al final repartía caramelos. Recuerdo que ella se quedó pensando, luego me abrazó y me dijo:

– ¡Si Dios quiere lo vas a ser, hijo mío!

Ella murió aproximadamente al año de esta escena, pero su recuerdo me trae al corazón un sentimiento de ternura hacia Dios y el propósito firme de entregarme y consagrarme más a Él. Dios ha querido que el llamado que me hizo entonces fuera creciendo y madurando. Por eso he puesto toda mi vida ministerial al servicio de las vocaciones a la vida sacerdotal religiosa y diocesana.

II. PASTORES CON CORAZÓN DE OVEJA

Ellos no son del mundo, como yo no soy del mundo. Santifícalos en la verdad: tu Palabra es verdad. Como tú me has enviado al mundo, yo también los he enviado al mundo.

(Jn 17,16-17)

Ser sacerdote es ser mediador entre Dios y los hombres; es ser un puente (pontífice) muy bien cimentado en ambos extremos. Es por eso que el Hijo de Dios se hizo hombre, para ser sacerdote. Pero ¿cómo podría un simple hombre hacerse sacerdote, si para ello debe entrar en el ser de Dios?

«Nadie se hace sacerdote a sí mismo; sólo Dios puede atraerme, autorizarme, introducirme en la participación del misterio de Cristo» (*Benedicto XVI, 12-3-2010*). Esto es lo que ocurre en el sacramento del Orden. Si Cristo es al mismo tiempo el Buen Pastor y el Cordero de Dios, los sacerdotes son ovejas convertidas en pastor. Un representante de Dios ante sus hermanos, y un representante de sus hermanos ante Dios.

«El sacerdote ya no se pertenece a sí mismo, sino que, por el carácter sacramental recibido, es propiedad de Dios. Este ser de otro deben poder reconocerlo todos, gracias a un testimonio límpido. En el modo de pensar, de hablar, de juzgar los hechos del mundo, de servir, de amar, de relacionarse con las personas, incluso en el hábito, el sacerdote debe sacar la fuerza profética de su pertenencia sacramental, de su ser profundo».

(Benedicto XVI, 12-3-2010)

11. BAJABA UN HOMBRE DE JERUSALÉN A JERICÓ

Ricardo Enrique Gómez Giraldo, OFM
Zacatecas (México)

Después de predicar un retiro a unas monjas clarisas, ellas me entregaron un regalo envuelto, que yo guardé sin saber qué era. Entonces fui a Medellín y pedí hospedaje a una familia amiga mía. Por la noche tomé el regalo y lo abrí. Era una camisa de alzacuello.

Yo tenía intención de visitar al día siguiente a mi padre, que vive en un pueblo a hora y media de Medellín, en autobús. Entonces me dije: «Mañana, cuando vaya a visitar a mi padre, me pondré esta camisa clerical».

A la mañana siguiente, domingo, comencé a ponerme la camisa clerical, y sentí una inspiración que me decía: «Este no es tu vestido; tu vestido es el hábito franciscano». Casi nunca usaba mi hábito por la calle. El primer sentimiento que me vino fue de vergüenza. «¿Qué va a decir esta familia? ¿Qué van a decir en mi pueblo?» Y pensaba que toda la gente me iba a mirar como a un excéntrico.

Pero finalmente tomé la decisión de usar mi hábito franciscano, y le dije al Señor: «¡Te voy a obedecer!» Rápidamente me quité la camisa clerical y me puse mi hábito religioso. Cuando salí de la habitación no me encontraba tan consternado como cuando llegué a la central de autobuses. Muy avergonzado por mi hábito, fui a comprar el pasaje. La estación estaba repleta de gente. Y para mi sorpresa, estaba rodeado de protestantes, pues tenían una gran reunión y se iban de turismo precisamente a mi pueblo.

Entonces me di cuenta de que el del problema era yo, y de que fuera de mí no había problemas. Que yo todavía no aprendía a superarme y a vencerme, y que por esta razón me encontraba tan acomplejado por usar mi hábito religioso. En medio de esta meditación decidí sacar el rosario de mi bolsillo y ponerme a rezar.

Tampoco sabía que el autobús estaría lleno de protestantes. A la hora indicada el autobús emprendió el camino, mientras yo me encontraba con la cabeza agachada y rezando el santo rosario. A mi lado estaba sentada una señora protestante, ya mayor, con una niña en sus brazos. La señora sólo me miraba, pero no se atrevía a decir nada.

Cuando faltaban unos veinte minutos para llegar al destino, se produjo una gran congestión de autobuses. Un muchacho que venía en motocicleta a toda velocidad se estrelló contra uno de los autobuses. La gente se conmocionó por el ruido, pero nadie sabía con precisión qué estaba pasando. Decidí bajarme del autobús y caminar en medio de la muchedumbre. Al llegar al lugar del accidente vi una escena muy desagradable. Varias personas gritaban y oraban diciendo: «¡Dios te va a salvar!», pero nadie se atrevía a hacer nada. Había también unos campesinos, pero igualmente estaban muy impresionados y tampoco hacían nada.

Encontré al motociclista. Desesperado, se ahogaba en su propia sangre, pues le salía a borbotones. Tenía un gran charco alrededor de su cabeza. Yo sentí un profundo dolor y una sensación de impotencia, pero me arrodillé y traté de tomarlo con mis manos, sin lastimarlo. Le di la absolución. Y acariciándolo traté de hacerle sentir que había alguien con él en medio de su desesperación. Al momento los campesinos empezaron a decir: «¡Esta vivo! ¡Está vivo! ¡Hay que hacer algo!» Entonces metí mis manos en el charco de sangre y pedí ayuda a los campesinos. Lo pusimos en una camioneta y se lo llevaron al hospital.

Permanecí un momento en silencio, pesando en lo sucedido. Y vi mis manos ensangrentadas. De hecho yo era el único que estaba totalmente ensangrentado. Nadie me hablaba. Entonces regresé al autobús. Estaba tan ensangrentado que parecía un carnicero, y así caminé por en medio de una multitud de protestantes que se encontraban a los lados de la carretera. Sentí que me miraban con respeto, mientras yo caminaba en silencio hasta llegar a mi autobús. Al llegar, el conductor, sin decir nada, me proporcionó agua abundante para limpiarme la sangre. Después subí al autobús y continué rezando el rosario; pero la señora que se encontraba a mi lado me interrumpió y me dijo: «¡Hoy usted me enseñó en qué consiste la parábola del buen samaritano!». Yo la miré y le sonreí, pero no le dije nada. Y al momento me bajé de ese autobús y me subí a otro, que estaba más adelante, donde no sabían nada de lo ocurrido, para poder continuar mi viaje.

Desde entonces uso siempre mi hábito franciscano, y entendí que Dios me lo pedía expresamente. Pienso que en el purgatorio se debe reparar por los pecados de omisión. No es justo que los sacerdotes nos escondamos y nos avergoncemos, ante los hombres, de nuestro ministerio. No sabemos en qué momento y en qué circunstancia un alma pueda necesitar de un sacerdote.

12.   UN PADRE PARA TODOS

Gerry Ikechukwu Nworie
Abakaliki (Nigeria)

Fue en 1999. Este incidente cambió mi concepto sobre cómo ve la gente al sacerdote. Mi comprensión de cómo los sacerdotes irlandeses vinieron y trabajaron entre la gente de mi pueblo me ayudó mucho cuando tuve que enfrentar momentos difíciles como este.

Fue un martes, después de la misa y el desayuno. Salí a atender las citas del día, y regresando a casa hacia las 6:00 p.m. me dijeron que había venido a buscarme tres veces la familia de una mujer parturienta. Antes de sentarme a comer vinieron de nuevo, pidiéndome ayuda para llevar a esta mujer al hospital. No eran católicos, ni siquiera cristianos, sino paganos. Me dijeron que a la mujer le habían venido los dolores de parto desde la mañana y que ahora estaba en una situación crítica, habiendo perdido mucha sangre. Entonces me preparé inmediatamente. Les llevé a su casa y partimos para llevar a esta mujer.

En el camino les pregunté si tenían un hospital en mente. Con sorpresa me dijeron que no tenían sugerencias dado que confiaban en mí para encontrar el mejor hospital. De todos modos me puse en camino hacia una clínica privada de un amigo mío que es un conocido ginecólogo, donde podría llegar a un arreglo. Cuando llegamos al hospital el doctor nos atendió inmediatamente. Dado que la mujer había perdido mucha sangre el doctor les pidió que fuesen a comprar cuatro litros de sangre. Les pregunté cuánto dinero tenían y para mi sorpresa me dijeron que no tenían nada. Me impactó. Sin embargo fuimos a comprar la sangre y pagué la cantidad que yo tenía, prometiendo al enfermero que pagaría lo faltante después. Corrimos al hospital y administraron la sangre inmediatamente. Pero a la mitad de la transfusión la mujer murió. Ya era muy noche.

Después de consolarlos quise ir a buscar un lugar en el pueblo donde pasar la noche. Todos lloraron y me siguieron, preguntando qué tenían que hacer. Les sugerí que dejaran todo hasta el día siguiente y luego que buscaran una ambulancia para llevar el cuerpo a casa para el entierro.

Con gran desesperación me dijeron que si no les ayudaba a llevar el cuerpo a casa su situación iría de mal en peor. Me pregunté cómo podría llevar cuatro pasajeros y un cadáver en un auto pequeño a través de una estrecha y larga carretera, en plena estación de lluvias. De todas formas ahí fuimos. Tres pasajeros tenían que ir atrás con el cadáver y otro pasajero delante conmigo. Llegamos a nuestro pueblo cerca de las 4:00 a.m. y me tomó más de media hora ayudarles a llevar el cuerpo a su casa, pues el lodazal impedía conducir por las calles cercanas.

Algo que me sorprendió en toda esta historia es cómo ellos, que no son cristianos sino paganos, me consideraban como su padre mucho antes de haberles ayudado.

Es muy común ver al sacerdote en muchos pueblos y comunidades de Nigeria no sólo como un padre espiritual sino también como si fuera padre natural, que se preocupa por cada persona, católicos, cristianos, y aun paganos. Aquí el sacerdocio es tenido en gran estima.

13.   NUESTRA VIDA ES SACRAMENTO

Elias Gwambu

Hwange (Zimbabue)

«Yo te absuelvo de tus pecados». Me escuché a mí mismo diciendo estas palabras y me dije: «Bienvenido al mundo sacerdotal».

Mi profesor del seminario solía recordarnos: «No sólo sean teólogos de escritorio, sino también de oratorio y de la gente». Durante nuestros estudios la vida era sólo una promesa. No conocíamos la realidad «*in situ*», que es más pastoral que teológica.

Como sacerdote trabajo en medio de áreas rurales, en medio de la nada, donde se hacen 200 kilómetros desde la misión hasta la última estación. El terreno es árido, tortuoso, e incluso puedes encontrar elefantes mientras conduces. La gente en estas zonas sólo ve un sacerdote cada tres meses.

Un día fui a visitar una de nuestras estaciones, a casi 200 kilómetros de la misión. Salí temprano por la mañana. Dado que no hay autobuses que viajen a través de esa ruta, mi automóvil se convierte en autobús de pasajeros, en tren y en todo tipo de transporte. Llevo a todos los que van en mi misma dirección.

A mitad del camino, mientras conducía, escuché: «¡Ayuda, ayuda, padre, deténgase!» Era una de las personas que había recogido por el camino, una mujer encinta. Me detuve y, bajándome del coche, fui atrás para ayudarla a dar a luz. Tuve que pedirle continuamente que me dijera qué tenía que hacer. Le pedí que se calmara y que continuara dándome instrucciones. Ella hizo lo que le pedí. Corté el cordón umbilical y ella dio a luz con seguridad y éxito en medio del campo, y apenas estábamos a mitad del camino. Bauticé al niño y le di el nombre de Kizito, uno de los santos más queridos de África.

Tenía que decidir si debía continuar mi viaje a las áreas rurales o no, para cubrir los 100 kilómetros que faltaban. De cualquier manera tenía que volver atrás, a Binga, donde estaba el hospital más cercano. A tan solo 50 kilómetros hacia Binga había un accidente muy grave en que colisionó un camión grande con uno pequeño.

Había gemidos, gritos y llanto en el lugar del accidente. Vi huesos rotos, cráneos abiertos y sangre por todas partes. Los accidentados estaban sin ayuda. Los choferes de los dos camiones yacían muertos.

Quedé confundido y engarrotado. Sólo me movió escuchar una voz que decía: «¡Padre, ayúdeme!» Era una mujer con un niño. El niño parecía frágil y débil. Habían pasado dos días desde que ocurrió el accidente y no había pasado ningún coche por ahí. El niño estaba luchando por su vida. Dos días sin agua para beber, sin nada qué comer y sin nadie que les ayudara. Estaban estas dos personas entre los cuerpos muertos del camión.

Miré al niño con compasión. Recordé lo que mi profesor solía decir: «No sean teólogos de escritorio, sino de oratorio y de la gente». Rápidamente fui al niño, hice la señal de la cruz y le dije: «Yo te absuelvo de tus pecados en el nombre del Padre y del Hijo y del Espíritu Santo. Amén». Entonces el niño murió en los brazos de su madre.

Los sacerdotes debemos siempre recordar que nuestra vida es sacramento. Nuestra vida gira en torno a Jesús, quien instituyó los sacramentos. Yo he bautizado a un recién nacido y he absuelto moribundos en un mismo día. No podía continuar hacia mi destino, sino que tenía que administrar los sacramentos a los de condición crítica.

La madre del chico sobrevivió al accidente y Kizito está ahora en sexto grado. Cuando me encuentro con estas dos personas disfruto la gloria y la belleza que lleva en sus manos todo sacerdote.

14. LA NOCHE EN QUE ENTENDÍ LA BELLEZA DEL SACERDOCIO

Luilson Savio Lebre Pouso da Silva

Cuiaba (Brasil)

En una noche de lluvia torrencial del caluroso mes de enero, a las tres de la mañana, sonó el teléfono. Salí somnoliento de la habitación hacia la sala para responder a aquella extraña llamada. Llovía a cántaros. «Buenas noches», respondí. «¡Padre, ayúdenos: nuestra casa está inundada!» dijo una voz de mujer desesperada, que inmediatamente reconocí como una de aquellas que participan en la iglesia junto con toda su familia. Apenas me dijo dónde estaba con su familia y lo que había ocurrido, entendí que se trataba de un aluvión. Era una situación grave. Confieso que tuve un momento de debilidad: «Pero, ¿por qué me llaman a mí? Para eso está la protección civil, los bomberos, las fuerzas del orden, quizá el ejército nacional, incluso la policía. ¿Por qué precisamente yo? ¿Qué tengo yo que ver con esto? ¿Yo qué puedo hacer?».

Pero inmediatamente me di cuenta de que soy el padre, el párroco, el sacerdote, quizá la única persona en quien han pensado poder recurrir en una situación tan difícil. Entonces fui bajo la lluvia torrencial, con algo de miedo y muchas dudas, conduciendo lentamente el coche para evitar un accidente más. Al amanecer se supo que el desastre había golpeado toda la ciudad. Todos los medios disponibles no habían sido suficientes para responder a tantas llamadas.

Llegué al lugar. Algunas personas tenían paraguas, otras no; todos estaban empapados, algunos lloraban, quizá por el miedo en aquella situación, pero también porque habían perdido todo lo que poseían. Salí del automóvil, abrí el paraguas y caminé en dirección a la gente. En cuanto me vieron vinieron a mi encuentro. Y mientras todos hablaban yo no sabía qué decir. Sin embargo, me di cuenta de que la situación cambiaba: desde la desesperación a la confianza, del desánimo a la esperanza.

Dos hombres me llevaron bajo un techo y me pusieron encima una gran tabla, junto a algunos niños, que inmediatamente se asieron a mí. Todo estaba empapado a nuestro alrededor, pero el ambiente había cambiado: las personas comenzaron a reír y uno llegó con un termo de café. Estuve allí hasta las seis de la mañana, cuando fui a casa para traer algo a la gente.

Quedé sorprendido por cuanto había ocurrido ante mí aquel día terrible. Simplemente por ser sacerdote e ir al encuentro de personas necesitadas en una situación difícil, pude contribuir a transformar ese momento de desesperación en esperanza, de temor en confianza, pude llevar alegría en un momento de tristeza. Esto ha fortalecido mi conciencia de ser sacerdote. Un amigo mío, también él sacerdote, me dio esta explicación: «Ocurrió que en ese momento tú eras realmente el "padre", ciertamente sacerdote, pero también el "papá" que se preocupa por ellos; una persona con la cual pueden contar siempre, también en los momentos duros».

Gracias, Señor, porque me has permitido, en mi debilidad, ser un pequeño signo de tu bondad, de tu paternidad, de tu ternura en este mundo.

15.   Gracias por presentármelo

Juan Carlos Abreu Uzcategui
Ciudad Bolívar (Venezuela)

Tenía apenas un año como sacerdote. Fue en un pueblo lejano de la ciudad, donde los indígenas viven con mucha pobreza y poca fe. Fui un día y les hablé de la necesidad de visitar a los buenos amigos. Luego les dije que no existe mejor amigo que Dios y que debemos visitarlo en su casa, porque esto le agrada mucho.

Tiempo después uno de los indígenas me dijo: «Quiero ir a la iglesia». Vino y comenzó a orar todos los días por su familia. No tenían qué comer. Yo a duras penas, por la precariedad de la parroquia, le ayudaba. Recientemente me enteré de que estaba enfermo y lo fui a visitar con preocupación. Le llevé alimento y le pregunté cómo estaba, a lo que me respondió: «Señor, yo feliz» – ellos no saben distinguir bien qué es un sacerdote–. «Gran amigo visitarme todos los días y mandarme cosas buenas, familia no pasar hambre aunque yo estar enfermo. Gracias por presentármelo».

Yo quedé sin palabras. Unas simples ideas tan sencillas abrieron la fe de un hombre que no conocía a Dios, y era tanta su fe que estaba convencido de que era Él quien le mandaba comida a su familia.

16.   BESO SUS MANOS SACERDOTALES

José Rodrigo López Cepeda, MSpS
Guadalajara (México)

En los campos de México, como en los de España, existe la bella costumbre de invitar al sacerdote a bendecir los campos de cultivo. En los primeros años de mi ministerio había hecho este rito, lleno de tantas esperanzas para los hombres que viven de su trabajo en el campo.

Recién llegado a México se me encomendó la atención como vicario cooperador de una zona rural y visitaba 24 comunidades dedicadas a las labores del campo. El primer año fui invitado por don Nicanor, un ranchero jalisciense, curtido por los años, de intensos ojos azules y piel blanca. Rebasaba ya los 60 años, pero su constitución física, acostumbrada al trabajo, era la de un hombre joven y fuerte. Se le respetaba en el rancho por su prudencia y su sabiduría empírica.

No podré olvidar la primera vez que se acercó a mí y me extendió su mano. Yo lo saludé como a otro más, dándole la mía, pero hizo un gesto que traté de evitar. Y es que don Nicanor hizo el intento de besarme la mano. Con fuerza quise impedirlo. Quizá por venir de España, en donde toda forma de clericalismo se ha ido cambiando por la indiferencia e incluso el rechazo al sacerdote.

Pero sin pensarlo él me sujetó fuertemente la mano, la llevo a sus labios y con el sombrero descubierto la besó. Luego me miró a los ojos y me dijo con cierta autoridad en su voz: «No lo beso a usted. Beso al Señor en sus manos consagradas que quiero bendigan nuestros campos».

Sabia lección me dio don Nicanor ese domingo después de la misa. Mis manos no habían sido besadas después del cantamisa en

España. Eso se acostumbra más por un rito-tradición que por un verdadero gesto de descubrir, en esas manos pecadoras, las manos del Carpintero de Nazaret; en las manos de este hombre llamado al sacerdocio, las mismas manos del que multiplicó los panes, del que sanó a los enfermos, del que bendijo, del que lavó los pies a sus discípulos. Manos que fueron traspasadas por los clavos de la indiferencia, del rechazo, del rencor. Estas mis manos también son sus manos.

Bendije los campos de don Nicanor y de sus hermanos, y aquella tierra sementera me bendijo a mí. Luego recibí en premio sus primeros frutos. Aunque el verdadero premio ya lo había recibido antes. Mis manos: tus manos Señor. Gracias don Nicanor.

17.   ¿TÚ ERES DIOS?

P. Raphael Gomes Paes Leme Lobo
São Paulo (Brasil)

En cierta ocasión estaba acompañando una hermosa procesión, con otros sacerdotes, en la fiesta de un santo patrono. Había también muchos seminaristas y una gran cantidad de fieles.

Como se acostumbra hacer, principalmente en pequeñas ciudades del interior, siempre hay personas paradas en la acera, observando la procesión, y chiquillos que andan y juegan por todas partes, medio acompañando, medio observando, pero sin entrar en las filas de los fieles.

Una pequeña de entre estos niños se aproximó a mí, tiró de mi sotana y me fulminó con la siguiente pregunta: «¿Tú eres Dios?»

Quizá fue por verme con extrañas vestiduras, semejantes a las que aparecen en las imágenes de santos en la iglesia, o quizás, unido a esto, mi enorme tamaño dio motivo suficiente para tal suposición.

Le contesté sonriendo y con mucha ternura: «No, hija, no soy Dios, pero soy amigo suyo». Y ella inmediatamente respondió: «¡Ah, entonces pídele que ayude a mi papá a dejar de beber!» Y yo, muy conmovido y acariciando su carita le aseguré mis oraciones.

Después dije a Jesús: «¡Señor, no decepciones la fe de esta pequeñuela! ¡Dale lo que te pide, para que sepa que puede tener siempre confianza plena en tu bondad y en tu Iglesia!»

La aventura de la misión acabó llevándome a otros lugares. No tuve más noticias de aquella niña y de su historia, de su lucha. Pero, sinceramente, creo que así como lo pedí al Señor, así se hizo. ¡Dios es bueno!

18. ¡MAMÁ, DIOS ESTÁ AQUÍ AFUERA!

Fernando Carlos Salgado Araven
Arica (Chile)

Me habían ordenado sacerdote dos semanas antes. Tenía que celebrar una misa en un poblado indígena ubicado a 3.200 metros sobre el nivel del mar y a unas cuatro horas, por caminos pedregosos.

Cerca del mediodía llegamos al lugar y, con un grupo de jóvenes, salí a visitar las casas y los campos. Al llegar a una casa, mientras un perro ladraba, salió un niño corriendo y, al verme vestido con un alba, rápidamente volvió a entrar, gritando: «¡Mamá, Dios está afuera y nos vino a ver». Eso provocó una gran risa entre los jóvenes que me acompañaban.

La inocencia del niño sólo pudo ser opacada por la respuesta de la mamá, que al salir dijo: «Juanito, no es Dios, es el obispo». Ya nadie podía aguantar la risa. En fin, luego de aclarar las cosas con la familia y de explicarles el motivo de nuestra visita, ellos pidieron si yo podía bendecir su casa y luego ir a su «chacra» para bendecir sus animales y sembrados. Más allá de lo jocoso, al llegar la noche las palabras del niño seguían tocando mi corazón. Era verdad, Dios había visitado su casa, pero sólo ese niño fue capaz de ver más allá.

Aún guardo ese recuerdo en mi corazón y la gran lección de aquel niño que, como «el Principito», me enseñó que «lo esencial es invisible a los ojos».

19.   YO... YA NO SOY YO.

Luca Brenna
Roma (Italia)

Era un viernes por la tarde. Después de tres horas encerrado en un confesionario, salí para volver a casa. Caminaba rápidamente en medio de ríos de gente que iba y venía. El aire, lleno del perfume de la primavera, parecía alegrarse por la luz que se filtraba entre los árboles del camellón.

«Mi primera primavera como sacerdote», pensaba envuelto en mi sotana negra, mientras pasaba por delante de las tiendas.

De repente me cruzo con dos muchachos de unos veinte años, sentados en sus motos, cerca de un basurero. Me parecía que habían estado siguiéndome con la mirada desde hacía tiempo, mientras fingían conversar entre ellos. ¿Me esperaban? Cuando estuve a menos de un metro uno de ellos se volvió hacia mí y, mirándome a los ojos, me soltó una blasfemia en la cara.

No dije nada, no apreté el paso ni me detuve... seguí como si nada, caminando como un hombre normal de 35 años, un hombre que tiene prisa. Pero mi cabeza empezó a dar vueltas como un pájaro herido que cae sin control. Ira, indignación, pena, vergüenza... tres horas de confesiones, de consejos, tratando de infundir confianza... todo parecía inútil, algo del pasado, tan lejano que casi perdía su consistencia real. Cada paso que daba me parecía volverse más pesado, como si estuviera arrastrándome por un pantano, el pantano de la vida y sus absurdos... Caminaba cabizbajo mientras la sotana se movía agitada por el viento.

Casi sin pensarlo levanté la mirada y me encontré, a pocos pasos, con una señora, de grandes gafas, cabellera canosa, alta y muy bien vestida. Me estaba observando, quizá desde hacía tiempo.

Pasando a su lado me dice: «Alabado sea Jesucristo...» «Siempre sea alabado», contesté casi mecánicamente. Seguimos cada uno por su camino. Solo unos metros más tarde me volví para verla desaparecer detrás de la esquina. Fue entonces cuando, imperiosa, se abrió brecha para siempre, en el fondo de mi alma, una luz más clara que el sol: Yo... ya no soy yo.

20.   ¿QUIÉN FUE ENVIADO A QUIÉN?

José Héctor González Abrego
Chitré (Panamá)

En septiembre de 2004 fui enviado a adelantar estudios de teología litúrgica en una ciudad europea. El miedo y la incertidumbre me robaban la calma, sobre todo por el laicismo existente en aquella ciudad. Uno de los objetivos que me propuse fue que durante mi estadía siempre llevaría el alzacuello, sin pensar en las consecuencias. Por eso tuve dos experiencias negativas: un niño, frente a un colegio religioso, me gritó: «¡Al diablo con Dios!». Fue desastroso, pero lo único que alcancé a decirle fue: «Niño, Dios te ama».

En otra ocasión un señor se me puso delante y me dijo: «Debería darte vergüenza llevar ese vestido, ¡sinvergüenza!» Esto me golpeó mucho y pensé en dejar de usar el distintivo clerical, pero preferí considerarlo en oración por unas semanas antes de la cuaresma de 2005, así que cada día, cuando me dirigía al convento de las clarisas a celebrar la santa misa, rezaba el rosario y seguía llevando el vestido que me identificaba como ministro del Señor.

Cerca de la Semana Santa, llegando a una estación del metro, veo a un joven –tendría unos 20 ó 22 años– que se me queda viendo muy fijamente. Pensé que sería otra provocación, pero no me aparté; seguí meditando el rosario. Y aunque me acercaba al joven, él no apartaba su mirada. Entonces me pregunta: «¿Sacerdote?» Con cierto temor le respondí: «Sí, a la orden». Para mi sorpresa y alegría, este joven, enviado de Dios, me dice con una sonrisa: «Padre, ¿me confiesa?»

He de decir que fue para mí la respuesta directa del Señor, y aunque muchos afirman que «el hábito no hace al monje», pues yo con alegría digo que aunque no lo hace, sí lo identifica, sobre todo en una sociedad en que muchos temen mostrarse como amigos y servidores de Jesús. No volví a saber más de ese joven, pero tengo en mi mente y corazón sus palabras al despedirse: «Dios lo puso en mi camino...» Yo me reí y le dije: «Creo que Dios te envió a ti para darme una respuesta».

21.   EN LAS FIESTAS PATRONALES

Lorenzo Orellana Hurtado
Málaga (España)

Cumanacoa, Venezuela. Una gran habitación rectangular hace de capilla. En su interior, cuatro bancos a cada lado del pasillo central y un pequeño altar con dos hornacinas. La Inmaculada en una y la otra vacía: la imagen de San Fernando descansa en un pequeño trono.

Es el 30 de mayo y estamos de Fiestas Patronales. He celebrado la misa solemne de primeras comuniones; he desayunado con los niños y he vuelto a la capilla para las tandas de bautizos. Los del último bautizo acaban de marcharse. Son las cinco de la tarde y estoy cansado. De pronto, advierto que el ruido de la plaza se transforma en un extraño silencio.

Salgo a la puerta y veo que la gente corre hasta perderse en una esquina. Me dejo arrastrar y descubro un espectáculo increíble: blancos, indios, criollos, trigueñitos y catires, hombres y mujeres, se empujan formando un gran redondel. Y en el centro mismo de aquella prieta y cerrada rueda, erizados como gallos de pelea, dos hombres se observan y desplazan, lentamente, machete en mano.

Alzo la cabeza y miro alrededor como buscando una explicación y sólo encuentro cuatro mujeres, alejadas de aquella masa jadeante y tensa, apretujadas contra una pared. Por un instante quedo perplejo, perdido, hasta que capto la razón de lo que acontece.

Sin poder contenerme me dirijo hacia la barrera humana y, a empellones, me abro paso entre los que la forman. Cuando la traspaso, me encuentro ante los dos contendientes que observan, con sorpresa y rabia, machete en mano, mi sotana blanca. Y, en ese instante, me sale del alma la grosería más grande de mi vida:

- ¿¡Pero qué #!*%?@ están haciendo en el día del Patrón!?

Los contendientes se paralizan como si no dieran crédito a sus oídos. A los espectadores se les escapa un «¡ohh!» de escándalo, pues no pueden creer que su padrecito haya soltado tamaña indecencia. El desconcierto se apodera de los presentes y yo advierto que se olvidan de la pelea y los machetes; que me miran de tal forma que les parece imposible que allí, ante tantas mujeres y niños, yo, el Padrecito, me haya atrevido a decir lo que acabo de gritar.

Por un instante observo el gran redondel humano y veo que las personas comienzan a retroceder. Contemplo a los contendientes que me miran como niños sorprendidos en falta. Les sonrío, abro los brazos y me acerco. Ellos dudan, pero, al fin, sueltan los machetes y yo los abrazo. Cuando estamos abrazados, cuatro mujeres se acercan y dicen entre lágrimas:

– Padrecito, la bendición.

Se inclinan y me besan la sotana. Después se llevan a sus hombres mientras yo me encamino hacia la capilla. Aún nos queda la procesión.

22. UNA SEÑAL

Antonio Ormaza
Dallas (Estados Unidos)

Un día, cuando pensaba que nada valía la pena, me encontraba en los momentos más críticos de mi vida sacerdotal. Me dirigí a la capilla de la residencia y ahí, llorando, le dije al Señor: «Dame una señal que me indique que han valido la pena los 11 años de mi ministerio sacerdotal. Que han servido por lo menos para salvar un alma». Porque eran días oscuros, de soledad y angustia. Sentía que todo había sido inútil.

Salí de la capilla y me dirigí a mi habitación pensando en las palabras que le había dicho al Señor. Pensaba: «Le exigí demasiado; hice un trueque: "Tú me das una prueba y yo continúo"». Entonces me arrepentí, y en mi interior sólo le dije: «Perdón, Señor; me basta que estés conmigo en estos momentos duros».

En ese momento abrí la puerta de mi habitación y encontré en el suelo una carta dirigida a mí. Me asusté tanto que no quería abrirla. Pensé que era un anónimo. Nada; la abrí y empecé a leer. Me sorprendí porque era de una señora que yo no conocía. Decía:

«Padre Antonio, espero que después de tanto tiempo buscándolo, por fin esta carta lo encuentre. No creo que usted me conozca. Yo iba a sus misas en Garland. La primera vez que escuché su misa fue en una boda. La verdad, no iba con frecuencia a misa; yo sólo era cristiana pues mis padres eran protestantes. Usted me sorprendió mucho porque cuando empezó la predicación dije: «Esto es lo que buscaba». Cada palabra que usted pronunciaba era una invitación personal para encontrarme con Jesús; palabras que llegaban a mi corazón como flechas. Eran palabras sinceras y con una convicción muy fuerte. Me gustó y, domingo a domingo, empecé a ir a misa. Usted le iba dando sentido a mi vida frente a Dios. Sus palabras y su forma de hablar me hacían sentir como una hija muy amada de Dios. Ahora no sé nada de usted. No sé dónde está, pero recuerdo mucho sus palabras y me salen lágrimas, porque no escucho sus palabras y sus consejos».

Mientras leía recordaba las palabras que acababa de decir al Señor en la capilla, y empecé a llorar. Dios me había dado la señal que pedí; la respuesta fue inmediata. Me recordaba que Él estaba muy cerca de mí y que nunca me había dejado solo, aunque yo estuviera pasando por la cruz.

Continué leyendo y me sorprendí mucho porque esta señora hablaba de cada una de mis homilías, y de cómo cada una de ellas le había ido cambiando su modo de pensar, de actuar y de vivir. Y sobre todo, que su fe había crecido tanto en tan pocos años.

«Yo ya no quería tener más hijos, pero usted habló de la importancia de abrirse a la vida y a la voluntad de Dios; dijo que los hijos eran regalos de Dios, y entonces decidí tener más hijos. Y Dios a los pocos meses me regaló una niña hermosa. Yo no creía en la oración, y usted me enseñó cómo dirigirme a Dios y cómo llamarle "Padre". Sus palabras entraron en mi corazón y deseaba encontrarme con este Dios de quien usted hablaba con convicción. En otro momento usted me enseñó a amar y a perdonar a quienes ni amaba ni perdonaba, y empecé por pedir perdón a mi esposo, porque no lo amaba como Dios quería. Usted me habló de la Virgen, a quien yo no conocía y en quien mucho menos creía; usted me ayudó a conocerla y a llamarle "Madre".

»Padre, usted me dio fuerza para entrar en la Iglesia Católica, y ahora estoy preparándome para recibir los sacramentos de iniciación cristiana. Gracias padre; usted ha sido el puente que me llevó a enamorarme de Dios».

La señal se había cumplido, y cuando todo parecía terminar para mí, entonces aparece la luz, el amor de Dios. «Gracias Señor por mi vocación. Qué bello es vivir y amar día a día mi sacerdocio».

23.   ¿POR QUÉ TE HICISTE SACERDOTE?

John Jay Hughes
Saint Louis (Estados Unidos)

«¿Por qué te hiciste sacerdote?» me preguntó un amigo que no es católico.

«Me hice sacerdote –respondí sin dudar– para poder celebrar la misa».

Celebrar la misa me trajo mucha felicidad la primera vez que lo hice, hace 56 años. Y esa felicidad es, quizá, cada vez más grande.

Celebrar misa y alimentar al pueblo de Dios con el Pan de vida es un privilegio más allá de lo que cualquier hombre pueda merecer. Para prepararme –lo he hecho durante años– paso media hora en silencio meditando lo que el Señor le dijo a Moisés: «¡Quítate las sandalias de los pies, porque estás pisando un lugar sagrado!» Ninguno de nosotros es digno de entrar en la presencia del Dios Santísimo. Por eso al inicio de la misa pedimos perdón tres veces.

Escucho con atención la lectura (dos los domingos) y el evangelio. Si no hay diácono lo leo yo mismo. Luego, con toda la convicción y el fervor de que soy capaz, proclamo el amor que nunca nos abandonará: lo hago brevemente entre semana y con más detalle los domingos.

Mi aprecio por la liturgia de la Palabra ha ido aumentando con los años. Me gusta citar un texto del Concilio Vaticano II, de la Constitución *Dei Verbum*: «La Iglesia siempre ha venerado las Sagradas Escrituras así como venera el Cuerpo del Señor...» (num. 21).

Sin embargo, la Plegaria Eucarística es para mí el corazón de la misa. Son pocas las veces que no me conmuevo con las palabras de la institución, dichas por el Señor mismo, «esto es mi Cuerpo» y «esta es mi Sangre», que fascinaron incluso a Martín Lutero. Yo las recito despacio, con reverencia y asombro, ligeramente inclinado sobre la patena y el cáliz, como indican las rúbricas.

¿Esto le ayuda a alguno? No lo sé. Al menos a mí me alimenta. Nadie ha deseado tanto los brazos de su persona amada como yo el encuentro diario con el Señor. Esos momentos preciosos con Él, repitiendo sus palabras, son literalmente el momento más alto de mi día. Los recuerdo en este mismo instante y ya estoy deseando repetirlos mañana.

Yo me hice sacerdote no para estar con la gente, sino para estar, en una manera más íntima, con el Señor. Admiro a los sacerdotes que experimentan esto mismo a través del ministerio pastoral. Yo los considero superiores a mí, mejores sacerdotes y mejores personas humanas. Yo experimento más al Señor en el altar. El ministerio con la gente te puede llenar, pero es también frustrante. No todos quieren lo que el sacerdote ofrece. En cambio Dios siempre nos quiere. La alabanza que le ofrezco al Señor es imperfecta, pero nunca la rechaza. Y para mí el ofrecimiento de esa alabanza nunca falta.

Me conmovió mucho una tarjeta navideña, la pasada Navidad, de la madre de tres niños pequeños. Quizá no es muy devota, pero siempre está ahí los domingos, siempre lista, con una sonrisa o una palabra alegre al llegar a la iglesia y al final de la misa. Me escribió: «Usted celebra cada misa como si fuera su primera misa... y como si fuera la última».

24.   UNA GOTITA EN EL CÁLIZ

Antonio Álvarez Rivera
Tamaulipas (México)

En 1989 tuve la oportunidad y el honor de conocer a la Madre Teresa de Calcuta en Puerto Rico y le dije:

– Madre, soy un sacerdote diocesano y quiero pedirle que rece por mí.

– Sí, con mucho gusto –respondió–. Pero tú, en cambio, cuando celebres la Eucaristía agrega una gotita de agua extra en el cáliz por nuestra congregación.

– Claro que sí, así lo haré, lo prometo.

Pasaron los años y por fin llegó la beatificación de la Madre Teresa. Yo quería asistir a la beatificación; no sabía cómo ni tenía dinero, pero recé lleno de confianza. Una familia muy generosa pagó mis gastos.

La mañana de la beatificación el cielo se vistió de blanco y azul, como el hábito de la Madre Teresa. Cuando la declararon beata le grité en medio de la multitud, reunida en la Plaza de San Pedro: "¡Madre, yo he cumplido. Ahora, cumple tú también!"

Hasta el día de hoy celebro la Eucaristía con alegría recordando siempre la gotita extra en el cáliz. ¡Tengo la certeza de que ella intercede por mí y por todos los sacerdotes del mundo!

25. UN TROCITO DE HOSTIA EN EL CÁLIZ

Michael Patrick Scott
Metuchen (Estados Unidos)

Poco después de mi ordenación sacerdotal tuve la oportunidad de celebrar la misa a la Madre Teresa en su convento del Bronx (Nueva York). Ella fue para mí un gran ejemplo durante todo mi camino al sacerdocio.

Después de la misa ella vino a la sacristía y me pidió una bendición. Me dijo: «La bendición de un nuevo sacerdote concede una indulgencia». Le dije que ya había pasado más de un mes desde mi ordenación, pero ella insistió: «Sé por fuentes autorizadas que ese privilegio dura 6 meses».

Ella se arrodilló en el suelo ante mí y yo puse mis manos sobre su cabeza. Mientras yo oraba pensaba que era yo quien debía arrodillarse ante ella. Después de la bendición ella se levantó, tomó mis manos y me dijo: «Tengo que pedirle una cosa. Justo después de la comunión, cuando usted pone un trocito de hostia en el cáliz... póngame a mí también». Desde aquel día siempre lo hice, hasta el día de su beatificación.

III. Donde Dios llora

*El buen pastor da su vida por
las ovejas.*

(Jn 10,11)

Dios pudo haber presenciado el drama del sufrimiento humano desde lejos, desde el cielo, y nada le obligaba a participar en él. Pero Jesucristo quiso encarnarse y morir en la cruz.

A ejemplo de Cristo, miles de sacerdotes eligen el camino más duro y abandonan la posibilidad de una vida tranquila para quedarse con los que lloran, para acompañar a los que sufren, para estar allí donde los hombres gimen y padecen angustia.

«El sacerdote, como Cristo, debe entrar en la miseria humana, llevarla consigo, visitar a las personas que sufren, ocuparse de ellas, y no sólo exteriormente, sino tomando sobre sí mismo interiormente, recogiendo en sí mismo, la «pasión» de su tiempo, de su parroquia, de las personas que le han sido encomendadas [...] Y así vemos que precisamente de este modo realiza el sacerdocio, la función de mediador, llevando en sí mismo, asumiendo en sí mismo el sufrimiento —la pasión— del mundo, transformándolo en grito hacia Dios, llevándolo ante los ojos de Dios y poniéndolo en sus manos, llevándolo así realmente al momento de la Redención» (*Benedicto XVI, 18-2-2010*).

26.   LISTO PARA MORIR

Charles Mafurutu
Bulawayo (Zimbabue)

Un domingo por la tarde, ya cerca del Río Gwaai, que está como a cuatro kilómetros de la misión Regina Mundi, me pararon tres muchachas. Me dijeron en su dialecto: «Obhudhi bayalibiza», que literalmente significa: «los hermanos te llaman».

Sabía exactamente lo que querían decir y era consciente de que mi vida corría peligro, sobre todo si esos guerrilleros Zipra habían tomado alcohol o drogas. De cualquier modo algo peor me sucedería si desobedecía esa orden. Así que, obligado, tuve que afrontar a los Zipra, que de hecho estaban drogados.

Llegando al lugar encontré a tres de ellos. Uno quería saber por qué usaba alzacuello clerical. Le dije que era un uniforme que me identificaba como sacerdote católico y que venía del pueblo de Sipepa, donde fui a celebrar la santa misa y a predicar la Palabra de Dios. Me miró de un modo horrible. Dijo que era un modo de simpatizar con los colonialistas y con los enemigos de la revolución, los que seguían la así llamada «religión occidental».

Me ordenó quitarme el alzacuello y declaró públicamente que desde ese momento yo no predicaría más la Palabra de Dios y nunca más celebraría la santa misa.

Extrañado, le pregunté por qué había llegado a esa conclusión. Pero se rehusó a darme alguna explicación. Le comenté que me era imposible dejar de ser sacerdote porque el orden sacerdotal me había dejado una marca imborrable. También le dejé muy claro que nunca iba a dejar de predicar la buena noticia y de celebrar la santa misa.

El hombre insistió en que yo debía desistir. Yo, en cambio, le volví a decir que sería sacerdote para siempre. Él debió haberme disparado allí en ese instante, pero me salvaron los fieles que venían gritando.

Después de ver que era difícil dispararme por la presencia de los fieles, el hombre me ordenó que me metiera a mi Land Rover. Él estaba pensando en dispararme a unos cincuenta metros de la gente. Me ordenó conducir hacia él, al mismo tiempo que me apuntaba con la pistola, mientras me dirigía hacia el lugar donde me quería matar.

Mientras íbamos hacia ese sitio mucha gente gritaba y el líder de los Zipra corrió rápidamente hacia su colega para que no me disparase. Logró llegar antes de que me matara. El líder le quitó la pistola con la que me dispararía y la lanzó lejos. Entonces el líder me ordenó que condujera rápidamente hacia la misión. Nunca podré olvidar ese día.

27.   AMÉN... Y CARGA LA METRALLETA

Morgan Francis Batt
Brisbane (Australia)

Podían palparse los nervios cuando entramos en el avión de transporte militar que nos llevaría a la antigua tierra de Abraham y Babilonia, la actual Irak. Todos nos sentíamos hermanos de sangre, entrenados y preparados para cualquier cosa que pudiera ocurrirnos en la guerra.

Llegamos a nuestra base, en el sur de Irak, en junio de 2007. Pocas horas después los rebeldes ya estaban lanzando misiles contra nosotros, aunque no tenían muy buen tino, gracias a Dios. Y casi cada noche, entre las 20:00 y las 22:00 realizaban este «ritual de misiles». En ese momento, religiosamente, el sonido de la sirenas comenzaba a sonar y nosotros, temblando y bien armados, nos metíamos en bunkers de concreto, tipo tumba, para esperar el cese del fuego.

Mi bunker estaba junto a nuestra pequeña y humilde capilla de madera, que llamé «Nuestra Señora de las arenas». Una noche las sirenas sonaron; yo ritualmente me armé y me lancé al bunker. Dentro de la estructura de concreto había otros nueve soldados, todos muy jóvenes; todos deseando y esperando que la noche pasara sin sorpresas. El soldado que estaba sentado junto a mí era una de nuestras estrellas deportivas. Él se giró hacia mí y me preguntó: «Padre, si una de las bombas cae sobre mí esta noche y muero, ¿iré al cielo?» Yo consideré mi respuesta, teniendo en cuenta que él era un hombre grande. Me giré, lo miré a los ojos y le dije: «¡No!».

No pudiendo creerlo, dijo: «En serio padre ¿iré al cielo?» Repetí: «¡No, porque no tienes respeto por nadie. Eres un joven egoísta que no respeta a las mujeres y bebe demasiado!» Se puso en frente de mí con la boca abierta y dijo: «Entonces ¿qué tengo que hacer para ir al cielo?» Una famosa pregunta que ya había sido hecha a Jesús por otro joven...

«Bueno –dije– si hicieras ahora una oración de petición de perdón y te cayera un misil, quizá irías allí». «De acuerdo», dijo el soldado. «¡Escuchen todos, el padre va a rezar!» En ese instante un misil cayó a unos 500 metros de nosotros, e hizo temblar la tierra; nuestros huesos crujieron; había fuego por doquier. «Rece ahora Padre. ¡Ahora!» –suplicó el joven–. Y así lo hice. Abrí mis manos e hice una pausada oración por este soldado y por los otros que estaban en el bunker. Una oración de autoexamen y arrepentimiento, sobre la necesidad de Dios en nuestras vidas en los momentos de oscuridad y temor. Cuando terminé, el silencio dentro y fuera era desolador. Todos en el pequeño bunker me estaban mirando, y aquel soldado fuerte que quería ir al cielo estaba llorando.

Es muy bello cuando llevas un alma a Dios a través de un acto de ministerio pastoral y de oración. En aquellos momentos cercanos a la muerte un hombre encontró vida nueva. Ese bunker de concreto era una tumba de la que nosotros resucitamos a una vida nueva. Uno nunca olvida un momento sacerdotal como este.

Semanas después volví a ver al joven y le pregunté cómo estaba. Él dijo: «Padre, no soy un ángel, pero "el Jefe" y yo nos estamos llevando muy bien». «Te veo en la capilla el domingo», le dije. «Seguro padre, ahí estaré», y se fue a su siguiente control. Espero en Dios que algún día podamos salir de aquí.

28.   MI «DOMINGO DE RAMOS»

Giuseppe Amendolagine
Roma (Italia)

Estaba en el Congo. Me habían encarcelado por haber escrito una carta a las alumnas de una escuela diciendo que debían dar al César lo que es del César, y a Dios lo que es de Dios (tomando una frase dicha por el mismo presidente Mobutu). Es decir, sólo a Dios la adoración; al presidente, en cambio, el respeto y la obediencia, pero nada más.

El día previo al Domingo de Ramos, sin previo aviso me dieron un día de libertad. Hice la procesión de los ramos en la aldea que tenía bajo encargo. Me sentí como Jesús. Los niños con las palmas –verdaderas palmas– aclamaban alegremente como en Jerusalén. Para los niños mi nombre era «don-don». Fue un concierto de campanas humanas. Algo realmente conmovedor, para llorar de emoción –como probablemente sucedió a Jesús–. Y, como también sucedió a Jesús, al día siguiente todo cambió y fui expulsado del país por subversivo.

29. DECIDÍ DARLE MI VIDA AL SEÑOR

Víctor Ricardo Moreno Holguín
Cundinamarca (Colombia)

Era la noche del 8 al 9 de marzo de 1997. Aún resuena en mis oídos el crujir de piedras y vidrios mientras iba en el vehículo parroquial hacia la estación de Policía, derrumbada por las explosiones. A las 4:00 a.m., la oscuridad del lugar sólo se iluminaba por el incendio de la alcaldía.

Había tenido que observar, impotente, a 200 guerrilleros que llegaron para golpearnos nuevamente. Fueron cinco horas de destrucción y muerte desde que se escuchó el primer disparo que asesinó a un joven policía, creyente y servidor de Gutiérrez, la población más pobre, pequeña y apartada de la Arquidiócesis de Bogotá.

Mi corazón se desgarró al escuchar una pareja de jóvenes guerrilleros, sollozando y clamando a Dios por sus vidas, mientras yacían destrozados por una bomba que explotó en sus manos, junto a la puerta de la casa cural. Pude escuchar los ecos de su dolor y mi alma se sacudió por la insensatez de la violencia a la que estos hijos de Dios habían sido conducidos para morir absurdamente.

Los disparos de armas que aturdían las voluntades, las bombas y las granadas que tiraban por tierra el esfuerzo de las familias, los gritos de guerra, los gemidos de muerte y dolor, fueron interrumpidos por mis llamados que clamaban cese al fuego, respeto por la vida y una oportunidad para los heridos. Yo no podía seguir protegiéndome de las balas mientras mis hermanos se desangraban.

Esa noche tomé la segunda decisión más importante de mi vida, consecuencia de la primera: saldré a proteger a la comunidad que Dios me confió, así deba morir en el intento. La puerta no se pudo abrir y salí por el garaje:

– Soy el párroco; en nombre de Dios ¡no disparen! Déjenme atender a los heridos. ¡Váyanse de nuestro pueblo! –clamé varias veces.

A la voz de mi llamada salieron poco a poco unos policías heridos y aturdidos, con sus cuerpos desgarrados, sus mentes confundidas y sus almas vencidas por el odio. Allí vi físicamente el rostro del ser humano herido por el pecado, al cual prometí servir desde el día de mi ordenación, primera y fundamental decisión de mi vida.

Cuando bajé del vehículo fui blanco de los disparos de guerrilleros y policías. Tuve que lanzarme al piso. Entonces mis manos, heridas por los vidrios, me recordaron que la vida se da totalmente. Ver a un hombre que me apunta con su ametralladora y me dispara cuando busco rescatarlo, me recordó nuestra ingratitud ante la misericordia divina. Sin embargo sé que era fruto de la confusión en su mente.

Aún vibra en mí la sensación de haber sido protegido de manera prodigiosa: ninguna de las balas me tocó. Más bien me levanté con la sensación de fortaleza, propia de quien sirve en nombre de Dios.

El vehículo parroquial se convirtió en ambulancia, el club de recreación juvenil –que ya había sido destruido una vez por la misma guerrilla– se transformó en hospital, y las manos de este sacerdote, que ofrece diariamente el incruento sacrificio de la Eucaristía, se hicieron manos de enfermero, para aliviar el cruento combate de los hombres, dada mi experiencia como socorrista de la Cruz Roja.

Asustados y adoloridos, los fieles salieron de sus refugios para unirse a su pastor en la tarea de atender a quienes yacían heridos, a recuperar los cadáveres de sus amigos y a preparar alimentos a quienes se quedaron sin techo.

Sanar las heridas del cuerpo y del alma, devolver la esperanza, trabajar por la reorganización comunitaria mediante la evangelización que trae la paz de Cristo, ofrecer nuevos horizontes a los jóvenes tentados por la violencia, fueron las intenciones y los propósitos que celebramos ese mismo domingo en la Eucaristía. Cantamos el Amén, después de las palabras «Por Él, con Él y en Él...»; oramos el Padre Nuestro tomados de la mano y nos dimos el abrazo de la paz, comulgando el mismo Pan.

La Virgen del Carmen, Patrona de la Parroquia, nos protegió al evitar la muerte de más personas, incluyendo la mía, y al mantenernos unidos. Contar a los medios de comunicación el dolor vivido por todos, buscar ayudas para reconstruir hogares y dar la absolución a algunos de los victimarios que se acercaron a la Reconciliación, son el epílogo de esta experiencia sacerdotal.

30.   ¡DISPÁRAME SI QUIERES!

Marcelo de Assis Paiva
Rio de Janeiro (Brasil)

Al inicio de mi ministerio fui enviado a mi primera parroquia y asumí también la dirección de una casa que acogía a treinta niños y adolescentes de la calle. Aquellos niños estaban muy involucrados con los traficantes de la zona, que no simpatizaban mucho con la casa de acogida, puesto que les quitábamos su «mano de obra».

Dos semanas después de que yo llegué fui abordado por uno de los traficantes durante la noche, en una calle cercana a la parroquia. Me apuntó a la cabeza con el revólver y me dijo que yo era un cura muy atrevido. No dudé y le dije: «¡Si quieres, dispara! ¡Por eso los sacerdotes no nos casamos, para no dejar una mujer e hijos llorando en el entierro!»

Él guardó su arma y me pidió disculpas. Y aunque no se convirtió en un feligrés modelo, después de este suceso cuando yo subía al cerro él se me acercaba (siempre llevando un revolver o un fusil), me besaba la mano y me pedía mi bendición. Tristemente, algunos años después fue asesinado y su cuerpo fue hallado sobre las vías del tren. Yo celebré la misa del funeral.

31. MUY CERCA DE LA MUERTE

Charles Mafurutu
Bulawayo (Zimbabue)

Fue un sábado por la mañana en 1979 cuando fui visitado por tres guerrilleros de la Armada Popular Revolucionaria de Zimbabue. Estaba en la casa cural de la misión. Los guerrilleros estaban completamente armados pero, como hago con todos, les di una cálida acogida, manifestando gran alegría ante su llegada. Les pedí que dejaran sus armas a un lado y, después de servirles un buen desayuno, nos sentamos a conversar.

Uno de los guerrilleros me dijo: «Padre Charles, quiero decirte la verdad. Venimos con la intención de matarte, pero lo pensamos dos veces por la hospitalidad y la bienvenida que nos diste. Está claro que tú no nos odias».

Entonces el líder de los guerrilleros abrió su bolsa, sacó un papel con 22 nombres y me lo dio. Lo que más me sorprendió fue que los primeros 20 nombres de la lista estaban tachados y el número 21 era el mío. Entonces pregunté por qué mi nombre aparecía en ese papel y por qué los otros 20 nombres estaban tachados. Me respondieron que los 20 nombres tachados eran los de aquellos que acababan de matar. Que yo era el siguiente porque había sido acusado de traidor. Entonces pregunté por qué se me consideraba traidor. Y la discusión siguió así:

– ¿Es verdad que tú vas frecuentemente al campamento de la policía?

– Sí.

– ¿Por qué vas allí cuando sabes muy bien que ellos pertenecen al régimen enemigo de la revolución y del pueblo?

– Voy allí para pedir a los policías que recuperen las cosas robadas de nuestra comunidad. Por aquí pasan muchos ladrones. De todos modos siempre les suplico que no tomen represalias contra ninguno de ellos.

– Felicidades padre Charles, no te mataremos porque nos has dicho exactamente lo que tus fieles nos dijeron de ti. Ellos estaban dispuestos a dar su vida por ti. Pero ahora vamos a matar al que te acusó.

– ¡Oh no, por favor, no lo maten! Yo nunca digo a nadie la razón por la cual voy al campamento de la policía, y quizá por eso sospecharon de mí. Gracias por perdonarme la vida. Por favor, perdónensela también a esa persona. Probablemente no sabía por qué iba yo a la policía.

Después de este diálogo pueden ustedes imaginar cuán feliz estaba yo de haber escapado de la muerte, y cuánta gratitud sentía hacia el Señor, por haberme ayudado a escapar de la boca del león. Mi afecto por los fieles se acrecentó mucho después de saber que ellos estaban dispuestos a dar la vida por mí, especialmente cuando vieron que la acusación era infundada.

32.   GOLES EN PAZ

Mons. Alirio López Aguilera
Bogotá (Colombia)

De 1996 a 2008 fui director del programa «Vida Sagrada», que consistía en recoger armas de fuego, fundirlas y hacer símbolos alegóricos de la paz. Y también dirigí «Goles en Paz», un programa transmitido desde los estadios de fútbol de la capital, buscando la pacificación y rehabilitación de las «barras bravas» (grupos violentos de aficionados).

En este servicio las experiencias fueron muchas. Me ubicaba en la cabina de sonido para introducir el partido, daba las nóminas de los diferentes equipos y motivaba a la fiesta del fútbol; también convocaba a los comités de seguridad y realizaba acercamientos con la policía u organismos de seguridad. Algunas veces tuve que mediar situaciones muy delicadas de enfrentamiento con líderes de «barras» de los diferentes equipos. Ciertamente no es muy común que un sacerdote tenga la responsabilidad de manejar la cabina de un estadio de fútbol, y que sea reconocido como una autoridad en lo espiritual y en lo futbolístico, además de ser hincha de uno de los equipos de la ciudad capital.

En una ocasión un aficionado fue a confesarse a la cabina de sonido, antes de un gran clásico. Él estaba dispuesto a matar a un hincha contrario, y tuvo la valentía de venir a contarme lo que pretendía hacer. Me dijo que su mamá le había suplicado que hablara con el padre de «Goles en Paz», que buscara el diálogo y no se metiera en problemas. Finalmente tuvo la humildad y la sencillez de entregarme su revólver, calibre 38.

Me sentí el hombre más feliz, porque el evangelio de la vida estaba dando resultados en un espacio donde la violencia y la intolerancia hacían mella. Si bien hubo más experiencias bellas, también las hubo dolorosas, donde el corazón lloraba ante los enfrentamientos e incluso ante muertes y violencia.

En 1994 Bogotá tenía una tasa de 80 homicidios por cada 100.000 habitantes. En los años 1996 y 1997 sacamos adelante un trabajo que se titulaba «La vida es sagrada». Transmitíamos mensajes como: «Un arma no te hace más fuerte», «La mayor fortaleza es la vida», «Dejad que las armas descansen en paz», «Primero tu familia, no a las armas».

Logramos recoger más de 6.500 armas, fundirlas y hacer con ellas un monumento por la vida, ubicado en uno de los parques más emblemáticos de la ciudad capital. Además, con las miles de municiones recibidas hicimos unas manos que titulamos: «Manos para la vida, para el perdón, para el abrazo, para la oración».

Podría comentar muchísimas experiencias bellas en torno a este servicio, pero lo más grande ha sido el cambio de mentalidad en nuestra gente. El «no matarás» se debe proclamar, anunciar, testimoniar y enseñar, desde el vientre materno, sagrario donde la vida se fragua y se desarrolla.

Un buen día, un joven de 18 años se me acercó y me pidió ayuda para conseguir trabajo. Conversé con él por más de una hora y, habiendo comprendido su realidad de pandillero, me comprometí a ayudarle. Al cabo de dos meses logramos conseguirle un trabajo digno. Cuál fue mi sorpresa cuando, a los tres días de comenzar su nuevo trabajo, llega a mi parroquia, entra a la sacristía, me da un abrazo, me agradece la ayuda y me entrega, envuelta en una tela roja, una pistola 9 milímetros; y me dice: «Le hago entrega de lo que fue mi herramienta de trabajo hasta hace una semana. No quiero saber más de la muerte».

Una Señora, de casi 40 años, dolida por el asesinato de su esposo, después de haber escuchado mis mensajes sobre la sacralidad de la vida y sobre por qué no tener armas de fuego, me entregó una pistola calibre 22, que había comprado en el mercado negro. La dejé llorar, se desahogó un poco y me manifestó: «Padre, gracias por lo que hace; esta arma la compré para matar al asesino de mi esposo. Ya supe quién fue, y tengo odio, pero después de escuchar su invitación por la televisión no soy capaz; la vida le pertenece a Dios».

Estas fueron experiencias vividas con amor, arriesgando la vida por defender la vida misma y dejando una semilla de esperanza en el corazón de los hombres.

33.   NO TEMÁIS

Aziz Pios

Bagdad (Irak)

Hacia las 9.00 a.m. del 8 de diciembre de 2006 dejaba mi parroquia en Bagdad, donde la mayoría de los habitantes son musulmanes sunitas. Me dirigí a una reunión en la zona de Rasafa, poblada por musulmanes chiitas, pues allí se encuentra el arzobispado. Mi chofer era musulmán sunita.

Eran las 4.00 de la tarde cuando regresaba a casa después de la reunión. Llegando a la plaza Tahrir, en el centro de Bagdad, una barricada de control compuesta por tres militares armados nos detiene. No llevaban credenciales que los identificaran como policías oficiales. En esta región la inestabilidad política se caracterizaba por la inseguridad así como por el terrorismo que se movía a sus anchas. Los asesinatos se ejecutaban con listas de nombres que se confirmaban con las tarjetas de identidad de los individuos.

Ellos detuvieron mi coche. La calle estaba vacía y tranquila. No había peatones que deambularan por las aceras. Con malas maneras me hacen bajar del coche. Mi chofer, sorprendido, se quejaba de los malos tratos. Yo, por mi parte, repetía en mi corazón: «Soy cristiano, y no sólo; soy un sacerdote que lleva sotana, distintivo de mi sacerdocio».

Después de los malos tratos, me di cuenta de que yo era la persona que buscaban. Uno de los oficiales revisó mis bolsillos, extrayendo el teléfono, la identificación y las llaves de la parroquia. Poco después me dice:

– Tengo que arrestarlo.

Yo le dije:

– ¿Cuál es el crimen que se me imputa?

Sin responder me conduce a un oficial sentado en un auto, situado unos metros más lejos. Este oficial vestía uniforme militar.

En ese mismo instante siento que en mi interior algo se enciende. Una llama que me da fortaleza y coraje. Le extiendo la mano y le saludo. Le ofrezco un dulce que llevaba en mi bolsillo. Mientras esto sucede, me vienen a la mente las palabras de Cristo: «No tengáis miedo... el Espíritu Santo hablará en vosotros». Sentía que mi corazón ardía en fuego; me sostenía la fe. Así me pude acercar al oficial sin temor.

El oficial me interroga: «Nombre... profesión... ¿por qué está en esta región?»

Le respondí:

«Tú tienes mi identificación. Soy un sacerdote católico. Tenía una reunión con mi arzobispo. Todo lo que el soldado te ha dicho de mí es falso. Yo soy un sacerdote, no digo más que la verdad. Decir la verdad es el distintivo de nuestro cristianismo y de nuestra fe. Por ello te pido que me devuelvas mi identificación para poder volver a mi parroquia y celebrar con ellos la fiesta de la Inmaculada Concepción, "Madre de Issa", que hoy celebramos. Toma este caramelo y endulza tu boca; lo necesitas».

Con un movimiento rápido le tendí la mano y me entregó mi identificación. Después me dirigí al soldado que había conservado mi teléfono. Le pedí con seguridad que me devolviera mi teléfono; le expliqué que era un modelo viejo y que no valía nada. El soldado se rehúsa y a cambio me pide dinero.

Le respondí:

«No tengo dinero. Si tienes hambre yo puedo buscarte algo de comer, y sería una bendición porque viene de manos de un hombre de Dios. ¿Ves mi sotana? Significa que yo atiendo a los pobres y los necesitados».

En este instante le doy el dulce diciendo: «Toma, endulza tu boca».

Extendiendo la mano le saludo y logro recuperar el teléfono. El otro soldado, admirado, contemplaba la escena. Después me subo al auto y pido al chofer que se ponga en marcha.

Le dije: «No tengas miedo, el Señor nos protege». Pasamos el puente y nos encontramos sanos y salvos en la región de A Karkh. Le dije a mi chofer: «¿Sabes tú que nosotros los sacerdotes debemos ser testigos y mártires? Testigos por nuestras palabras; mártires por nuestra fe en Cristo».

Agradecí al Espíritu Santo por la fortaleza que me concedió para ser su testigo a través de las palabras.

34. ARRANCADA DE LAS GARRAS DEL INFIERNO

Henri de Penfentenyo, SV

Angers (Francia)

Fue en Costa de Marfil, en 2002, al inicio de la guerra. «Jeanne», una muchacha que tenía catorce años en ese entonces, tomó a su padre del cuello y le dijo: «¡si continúas golpeando a mi madre, te mato!» Cuando estalló la guerra, Jeanne abandonó a su familia para enrolarse con los partidarios del presidente. Viendo la debilidad de los soldados, atravesó el frente y se unió a los rebeldes. Tomó parte en combates violentísimos.

Más tarde ella me dirá: «Cuando no había nada qué comer ni qué beber pero tenías que pelear, siempre había droga disponible, y podías tomar toda la que quisieras. Pero es una trampa porque, una vez que has tomado esa droga, ya no sabes lo que haces, sólo obedeces. Si te dicen que calles, tú callas. Y he llegado a matar civiles, incluso a una mujer con su niño en brazos...» Con un grupo de rebeldes, ella perseguía a otro grupo, para vengar la muerte de una de sus amigas, y logró asesinar al jefe. Jeanne sólo tenía quince años.

En octubre de 2003 la acogí en un centro para niños víctima de la guerra –teníamos alrededor de 1500, niños y niñas, entre los cuales había niños soldado–. Durante tres años el equipo de educadores buscó ayudarla a salir de la droga y de la violencia. Ella se fugaba del centro. Una vez, después de una fuga de dos meses, regresó demacrada, con muy mala salud. Estaba intentando abortar tomando algunas hierbas, y ella misma estaba en peligro de envenenarse. Después de largas discusiones decidió conservar a su hijo, ante mi promesa de hacerme cargo de él. Durante todo el tiempo no cesaba de insultarnos, a la religiosa y a mí, a causa del hijo que ella no quería.

Cuando dio a luz a la hermosa niña, fui a verla para llevarme al bebé. «Me has insultado durante seis meses porque no quieres a esta niña, por eso vengo a llevármela» –le dije–. Entonces me respondió: «¡No, porque es mi hija!»

Después de dos años transcurridos con una religiosa, y contra la opinión del equipo de educadores –ya desanimados por lo difícil que era tratar con Jeanne–, la trajimos de vuelta. Tuvo que pasar unos días en el hospital psiquiátrico porque había intentado suicidarse. Intentó fugarse también del hospital, rechazando todo tipo de ayuda. Pero siempre se le podía convencer motivándola con su hija. Era siempre el mismo argumento: que ella hiciera las cosas por amor a su hija, para llevarla por buen camino.

En el año 2007, a causa de las amenazas de muerte que pesaban sobre ella por haber pertenecido a un grupo de rebeldes, fue necesario hacerla salir del país en secreto, y por ello hubo que conseguirle papeles de identidad, un pasaporte para ella y uno para su hija.

Hoy ella está en el extranjero, lejos de su casa, pero aceptó seguir el tratamiento psiquiátrico, tomar cursos de costura en una escuela dirigida por religiosas y... ¡pidió el bautismo!

Ella es seropositiva pero, gracias a Dios, su hija no lo es. Jeanne aceptó su enfermedad pidiendo simplemente que cuiden de su hija. «Ahora estoy feliz», me decía recientemente por teléfono. ¡Demos gracias a Dios!

35. DIOS ENTRE LOS DROGADICTOS

Norberto Palomino Anturi
Fontibón (Colombia)

Era párroco en Santo Toribio de Mogrovejo, en Bogotá, y me daba cuenta de que las condiciones socioeconómicas eran muy precarias, además de la delincuencia y el flagelo de la drogadicción, que afectaba a niños y jóvenes.

Por eso decidí utilizar tres horas en las noches, tres veces a la semana, luego de celebrar la Eucaristía, para salir y hacer pastoral en las calles. Esto lo hice con frecuencia durante dos años. Logré ganarme la confianza de muchos jóvenes de pandilla que estaban en la drogadicción. Conversaba con ellos, hacíamos actividades deportivas, los escuchaba con afecto y atención.

Un día aparecieron en el barrio unos panfletos procedentes de «grupos de limpieza» que amenazaban con asesinar a los pandilleros. Por eso, esa misma noche llegaron a la casa cural algunos muchachos, muy asustados, y entre todos debíamos ver qué haríamos. Alguno de ellos dijo: «Padre, hagamos la misa». Esa fue la voz de Dios. Fue muy emocionante. Allí realmente algunos de ellos sintieron muy hondo la presencia del Dios de la Vida, y después de esto decidieron reorientar sus vidas. «¡El Señor ha estado grande con nosotros y estamos alegres!» No todos optaron por la vida nueva, pero sí algunos. Actualmente están animando, ayudando y apoyando a otros niños y jóvenes a salir de la droga asesina, y enseñarles a querer, amar, defender y respetar la vida propia y la de los demás.

Fue la voz de Dios, en la voz de un joven, que se hizo realidad por el milagro de la Eucaristía. Para ese barrio deprimido y para muchas de sus familias hubo una vida nueva, una vida digna. Se encarnó el Evangelio: «Yo he venido para que tengan vida, y la tengan en abundancia».

36.　O ESTÁS LOCO O TIENES UN SECRETO

Mons. Alexander Cordina
Malta

Nunca hubiera pensado que a mediados de octubre de 1993 mi vida cambiaría tanto. Después de haber sido párroco durante cinco años el arzobispo me mandó llamar, y sin más rodeos me dijo que quería transferirme como capellán de una comunidad terapéutica para drogadictos, dirigida por Cáritas de Malta. Mi primera reacción fue de cierto miedo aunque, obviamente, acepté.

Cuando llegué no sabía nada de lo que tendría que hacer ni de cómo debía comportarme. Desde el punto de vista espiritual, el horario no marcaba nada fuera de la santa misa, cada domingo.

De los 30 miembros de la comunidad, 27 participaron en la primera misa. «Todo un éxito» –me dije–. Sólo unas semanas más tarde me di cuenta de que la mayoría de ellos iba para causarme buena impresión, esperando gozar de ciertos privilegios. En cuanto se dieron cuenta de que conmigo este juego no funcionaba, el número de asistentes bajó a 3 ó 4. «Fracaso total» –pensé.

Entonces comencé mi cruzada, hablando del amor de Dios. ¡Ningún resultado! Sólo después de rezar largo rato ante el Santísimo me di cuenta del punto más importante: el primero que tenía que convertirse era yo mismo. Me decidí entonces a quedarme a vivir en la comunidad. Así como dice San Pablo: «Llorar con quien llora, reír con quien ríe». Y esto se traduce en lavar los platos cuando se necesita, cantar, bailar... y, sobre todo, escuchar, compartir los dolores, ansias, miedos, fracasos. En una palabra, vivir en compañía de Jesús Crucificado.

Después de varias semanas, la capilla empezó a llenarse. Tres meses después todos participaban en la santa misa del domingo y pedían una celebración diaria. Comenzaron también a plantearse preguntas existenciales como: «¿Por qué el dolor? ¿Por qué mis padres no me quieren? ¿Dios me ama de verdad? ¿Cómo puedo ser feliz?» Preguntas que hay que contestar, no de palabra, sino con la vida... y, muchas veces, con el silencio. Un día, uno de ellos me dice: «Padre, tú no tienes mujer, ni hijos... en tu vida no hay fiestas... trabajas muchas horas y te pagan una miseria. ¿Estás loco o nos ocultas un secreto?» Finalmente había llegado la hora de hablar del amor de Dios Padre.

El período de Navidad fue particularmente interesante. Quería que todos estuvieran a gusto y por eso me esforcé en organizar actividades sociales y espirituales. Pero he aquí que un día se estropeó el video. Lo que faltaba... No me atreví a pedir al personal los 300 euros que se necesitaban para conseguir uno nuevo. Entonces fui a la Capilla y le dije a Jesús:

«Señor, necesito 300 euros para mis almas». Esa misma tarde me avisaron que la abuela de dos ex miembros de la comunidad me invitaba a una fiesta familiar en su casa. Estaba realmente muy cansado y no tenía ganas de participar, pero fui a la fiesta. Me quedé un rato en compañía de la familia y, justo cuando me estaba despidiendo, la señora me entregó un sobre. «Padre, un pequeño donativo». Al llegar a casa abrí el sobre... ¡300 euros!

En las experiencias con estos muchachos también hay días llenos de dolor. Recuerdo un joven particularmente difícil. Llegó un momento en el que todos lo habían dado por perdido. Me parecía que yo era el único que aún trataba de rescatarlo. Pero después de tres meses abandonó la comunidad. Meses más tarde el portero me avisó que ese mismo muchacho me vino a buscar. Mi primera reacción fue la de no querer perder el tiempo con alguien que no quería colaborar. Pero una voz interior me decía: «¿Y si fuera tu última oportunidad para escucharle?» Así que bajé para hablar con él. Estaba deshecho... quería volver al día siguiente a la comunidad. Antes de irse, desde la ventanilla del coche, tomó mi mano y la besó. Al día siguiente no se presentó. Le llamé a su casa y fue su papá quien respondió al teléfono. Cuando le pregunté si podía hablar con su hijo me respondió, con la voz entrecortada, que había fallecido la noche anterior. Me quedé helado. Volví a verlo en mi mente mientras tomaba mi mano y la besaba... me estaba diciendo adiós... ¿y si yo no hubiera escuchado la voz de mi corazón...?

En medio de tantas situaciones problemáticas, sólo el abrazar constantemente a Jesús Crucificado me daba la fuerza para seguir adelante. Muchas conversiones, curaciones de heridas provocadas por la vida en la calle... Ser sacerdote con estos muchachos no es simplemente cumplir un programa; es dar la experiencia de Dios Amor, ser testigo del amor ilimitado de Dios que es capaz de cambiar, por alquimia divina, el dolor en amor.

37.   A BASE DE CHOCOLATES

Juan Luis Mendoza Ortiz
San José (Costa Rica)

He de confesar que padezco de claustrofobia, y que el andar entre barrotes, policías, puertas chirriantes que se abren y cierran, rostros sombríos... era un espectáculo que contrariaba permanentemente mi sensibilidad. Pero mi conciencia de pastor me reclamaba para cumplir con uno de mis deberes dentro de la nueva parroquia. No tenía nombramiento de capellán pero, una vez aceptado por las autoridades carcelarias, empecé mi trabajo con algunas visitas esporádicas, la celebración dominical de la misa, ciertos ratos para atender confesiones y consejerías.

No me era fácil, y en mi mente me esforzaba por ver, a la luz de la fe, la presencia viva de Cristo sufriente en cada uno de los presos. Él mismo dijo: «Estuve en la cárcel y vinisteis a verme» (*Mt* 25,36).

Entre las diversas secciones que visitaba habitualmente había una conocida como «los calabozos», en donde permanecían encerrados quienes mostraban mayor agresividad. La puerta de acceso estaba celosamente custodiada y eran contadas las personas que entraban y salían por ahí; entre ellas, un servidor. Solo, pero bajo la atenta mirada del centinela, iba pasando por delante de los oscuros y desolados cubículos para saludar brevemente, bendecir y entregar algún objeto religioso o lectura apropiada a sus desventurados ocupantes.

Y, bien, un día cualquiera, uno de ellos me invitó a que me acercara, al tiempo que me decía: «Padre, ¿puede confesarme?» Asentí a su petición, feliz por la oportunidad que se me ofrecía de brindar paz, libertad y gozo a alguien que cargaba con el peso de quién sabe qué clase de pecados.

Pero, en un abrir y cerrar de ojos y con una increíble habilidad, me agarró el brazo izquierdo, me arrebató el reloj y desapareció como una sombra y, como si nada, se sentó en el camastro pegado a la pared. Yo grité y, conmigo, los compañeros que se despacharon con expresiones fuertes. El policía, por su parte, entró al momento para ver qué había sucedido.

Vuelto sobre mí, me asusté, porque, además, me había hincado las uñas en la muñeca, de la que empezó a salir sangre. «¡Denúncielo!», insistían los compañeros de la sección. Pero yo, dirigiéndome al que seguía inmóvil, sentado, le dije que le perdonaba de corazón y que se podía quedar con el reloj; que nos volveríamos a ver próximamente.

Ya en la casa parroquial y a la hora de acostarme, me reafirmé en mi actitud de comprensión y perdón, y no sé qué santo me inspiró el que tratase de endulzar su triste situación y ganármelo con unos chocolates en cada visita. Y así lo hice durante el tiempo que permaneció en la cárcel.

Lo pasaron a otra. Para la fecha del traslado ya era un hombre muy distinto: arrepentido de cuanto había hecho de malo; el primero en todos los actos de piedad y formación; amiguísimo mío.

Durante su permanencia en la nueva prisión –único caso– nos mantuvimos en constante relación telefónica, siempre por iniciativa suya, pues yo me limité a atender periódicamente a la esposa y tres hijos, quienes, también por su propia iniciativa, me visitaban de cuando en cuando. Por cierto que, en más de un aparte, la madre me alegraba sobremanera aludiendo a la posible vocación sacerdotal del segundo de los hijos, que le repetía: «Mami, yo quisiera ser como el padrecito...»

Llegados aquí, no debo omitir el referirme al reencuentro con mi amigo. En cuanto salió libre se me apareció radiante de luz; me estrechó contra su pecho y me sorprendió con una elegante caja llena de chocolates... Pronto se integró al apostolado social de su parroquia y hoy es el coordinador de la pastoral carcelaria de la diócesis.

¿Y el hijo? En cuanto le fue posible ingresó en una congregación religiosa dedicada a la educación.

Miro hacia atrás y me digo a mí mismo: «Mereció la pena haber sido capellán penitenciario. Mereció, y merece la pena, ser sacerdote».

38. EXTERMINANDO LA INYECCIÓN LETAL

Cirilo Edgar V. Ebona
Daet (Filipinas)

En octubre de 2003 visité la Penitenciaría Nacional, donde conocí a varios condenados a muerte. Dos de ellos tenían mucho miedo porque el juez había fijado la fecha de su ejecución para el 31 de enero de 2004. Lloraban mucho, estaban desesperados y deprimidos.

Como sacerdote les animé a colocar su total confianza en Dios. Celebré la misa por ellos y por otros veinticinco que también estaban encerrados en las celdas del corredor de la muerte. Fue una de las misas más solemnes y sentidas que jamás haya celebrado, en donde los reclusos permanecían en profunda oración.

Pedí a todos que ofrecieran especiales oraciones por aquellos dos, suplicando fuerza y valor para enfrentar el momento más crítico: la inyección letal.

Por la misericordia y gracia de Dios, pude descubrir que había algunas lagunas en el proceso de sus casos. Fueron coartados, torturados y sufrieron la brutalidad policiaca. Por eso se vieron forzados a admitir crímenes. Además fueron privados de los derechos básicos y de asistencia jurídica. Consulté a la oficina del ministerio público y, evaluados sus casos, se encontraron irregularidades en los procesos.

En enero de 2004, tres semanas antes de la ejecución, asistí a una audiencia decisiva ante la Corte Suprema de Justicia, en la que la oficina del fiscal público solicitó a la Corte Suprema suspender la ejecución de los dos condenados a muerte. Una semana antes de la ejecución 7 magistrados contra 6 favorecieron la suspensión de la ejecución.

El Domingo siguiente fui a la Penitenciaría Nacional, allí celebré la santa misa, marcada por la alegría y acción de gracias, no sólo por quienes se habían salvado, sino por todos los condenados a muerte y por la comunidad penal entera.

Fue realmente un momento de Dios para ellos y para mí. Dios ha visitado a su pueblo y nos ha salvado. La pena de muerte fue derogada por la actual administración.

39. JESÚS ENTRE LOS MUROS DE LA CÁRCEL

Hugo Óscar Olivo
Córdoba (Argentina)

Estaba dando clases en la Universidad cuando recibí una llamada de mi madre, porque la cárcel ardía en llamas. Inmediatamente me dirigí a aquel lugar donde hacía dos días había celebrado la Eucaristía, el miércoles de ceniza.

Recuerdo que en la primera misa, celebrada en la capilla de San Dimas, el buen ladrón, les dije a los presos que debíamos custodiar a Jesús Eucaristía y que, pasara lo que pasara, había que defender ese rincón en el corazón de la penitenciaría.

Cuando llegué a la cárcel quedé sorprendido ante la magnitud del conflicto. La prisión ardía en llamas; los pabellones habían estallado con familiares de los internos adentro, y un gran número de guardias, incluyendo las máximas autoridades del penal, habían sido tomados como rehenes.

Sentía en mi corazón de sacerdote que debía estar allí con ellos. Acababa de desencadenarse el motín más grande y trágico de la historia de las cárceles en Argentina. Salió del penal un vehículo, intentando una fuga masiva, con el saldo de siete personas abatidas por la policía.

Inmediatamente pedí a las autoridades poder ingresar, en medio de tanta confusión y angustia. Aquel día, 10 de febrero, era todo caos y confusión.

Me acerqué a las puertas del penal para retirar a los heridos que bajaban de los techos y para mediar con el policía que hacía las negociaciones, para pedirles que mantuvieran la calma.

El 11 de febrero, día de Nuestra Señora de Lourdes, apenas amaneció pedí autorización para ingresar a la cárcel y, al no encontrar respuestas, tomé la determinación de entrar encomendándome a la protección de María. Para mi sorpresa, en el ingreso, entre tantos gritos y confusión, me aguardaba un interno que me dijo: «Padre, le entrego lo que hemos custodiado», y me entregó la Eucaristía: el corporal con las formas consagradas de la capilla del penal. Tomé en mis manos a Jesús y comencé a caminar por el penal, y así emprendí mi marcha.

Visité uno por uno a los presos, sus familiares y a los rehenes del motín. Pude constatar que no había muertos ni heridos de gravedad. Hacía falta que alguien pudiera comunicar lo incomunicable, consolar y escuchar a los no escuchados, compadecerse de los no compadecidos... En total eran mil ochocientas personas las que habían permanecido toda esa noche en aquel infierno. Había llanto, angustia y mucha desesperación.

Todas las autoridades de la cárcel, incluyendo al director, eran rehenes. Pude recorrer uno a uno los pabellones del penal pidiendo que liberaran a los rehenes y que entregaran las armas y objetos cortantes. Así lo hicieron, colocando las armas en las puertas de los pabellones. Y así, juntos, fuimos llevando calma a todas las personas que se encontraban en aquel lugar.

Cuando llegué a la Capilla de San Dimas, en el corazón del penal, noté que los mismos internos habían custodiado el sagrario –lo único que había permanecido sano en toda la cárcel– y habían permanecido la noche orando en una celda con una vela encendida en medio de tanta oscuridad.

A mediodía terminé el recorrido y pude salir del penal por una de las ventanillas para pedir a uno de los fiscales que me acompañara nuevamente con dos autoridades para retirar a los rehenes de la cárcel.

Más tarde liberaron a las personas apresadas en el motín y permanecimos hasta el cierre de cada pabellón, hasta que volviera la calma. En cada uno de los pabellones agradecimos al Señor por nuestras vidas ya que, gracias a la protección de Jesús Eucaristía, nadie salió herido aquel día, ni las autoridades tomaron represalias.

Aquel 11 de febrero, día de Nuestra Madre de Lourdes, brilló nuevamente la paz en el penal. Aún hoy, a cinco años de aquel acontecimiento, agradecemos al Señor el don de la vida y a Nuestra querida Madre María por su inmensa protección, porque todos los que vivimos ese momento fuimos testigos de su inmenso amor.

IV. BUSCANDO LA OVEJA PERDIDA

> *¿Quién de vosotros que tiene cien ovejas, si pierde una de ellas, no deja las 99 en el desierto, y va a buscar la que se perdió hasta que la encuentra? Y cuando la encuentra, la pone contento sobre sus hombros.*
>
> *(Lc 15,4-5)*

Ponerse la oveja sobre los hombros es mucho más que un gesto de ternura. Es también cargar un peso extra, para ahorrárselo a la oveja. Es volver con ella tantos pasos cuantos ella dio alejándose del redil.

Es verdad que el penitente tiene que poner de su parte en el camino de conversión. Pero no es menos verdad que el sacerdote está íntimamente involucrado en este asunto. De ningún modo puede ser un espectador lejano de la escena.

Cargar sobre los hombros significa, primero, sentir dolor. Y como el sacerdote es pastor y oveja, su dolor es, sí, por la ofensa hecha a Dios, pero también por la miseria, la vergüenza y la fatiga del pecador. Cargar sobre los hombros es también ofrecerse a sí mismo a Dios. Hacer penitencia por los que no hacen suficiente, y arrepentirse y dolerse por los que no se arrepienten ni se duelen. Finalmente, cargar sobre los hombros es acompañar a cada alma en su camino de conversión, escuchando, aconsejando y guiando.

40. HE CONFESADO AL DIABLO

Manuel Julián Quiceno Zapata
Cartago (Colombia)

De lo que viví antes de confesarlo, recuerdo lo siguiente...

Como párroco de un pequeño pueblo, frecuentemente, cada domingo, salía por las calles y aprovechaba para saludar a la gente, dejándoles una catequesis escrita, especialmente a aquellos que por diversas razones no acudían al templo.

En aquella parroquia dedicada a San José, muchos tenían una costumbre que cumplían sin falta cada domingo, como si fuera un deber. Esto era tomarse «unas frías» –así llamaban ellos a la cerveza–. Por tanto, era fácil saber dónde encontrar este tipo de «fieles», y entre ellos estaba también él.

Cierto día, al terminar mi recorrido, se acerca una señora para preguntarme si había reconocido al «diablo». Según ella, yo lo había saludado y él había recibido uno de los mensajes que yo repartía. Yo no había visto al «diablo», o por lo menos no recuerdo haber visto a ninguna ni a ninguno que se le pareciera.

En otra ocasión necesitaba ir al pueblo vecino para ayudar a un hermano sacerdote, pero el coche de la parroquia se había averiado y por ello necesitaba a alguien que me transportara.

Vaya sorpresa cuando, al preguntar a algunas personas quién podría ayudarme con este servicio, inmediatamente un niño me dijo: «Padre, si usted quiere llamo al "diablo" para que se lo lleve». No se imaginan lo que pensé en aquel momento. Parecía una broma, pero luego acepté la propuesta y ese día lo vi por primera vez...

Por un buen rato guardé silencio, pues era la primera vez que hacía un viaje así. Además pensé: ¿de qué puedo hablar con el diablo? Al poco tiempo le hablé, pero parecía más una entrevista que un diálogo. Ese día, antes de terminar el viaje y sin decir nada, dejé en su coche un escapulario de la Virgen del Carmen.

En adelante lo veía por todas partes; ya lo reconocía y, aunque siempre lo invitaba a la misa, él siempre me decía: «Ahora no, algún día lo haré, tengo mis razones».

El tiempo pasó, y cierto día un niño que esperaba en la puerta del templo me dijo que alguien me necesitaba urgentemente y que no quería irse sin antes hablar conmigo. El niño me explicó que se trataba de un enfermo grave. Entonces, rápidamente busqué todo lo necesario para la visita.

Cuán asombrado quedé cuando, al llegar a aquel lugar, descubrí que el enfermo grave que hacía varios días esperaba al sacerdote era Ramón, aquel a quien llamaban «el diablo»; un hombre del campo que había vivido situaciones humanas muy difíciles. No recordaba cuándo ni por qué le habían empezado a decir así, pero él se había acostumbrado. Ahora, postrado en una cama, padecía de un cáncer terrible y se acercaba a su final.

Recuerdo muy bien lo que él me dijo aquel día: «Padre, ¿me recuerda? Soy aquel que llaman «el diablo», ¡pero mi alma no se la dejo a él; le pertenece a Dios! Por favor, ¿me puede confesar?»

Fue un momento muy especial, pero aún más cuando vi lo que apretaba en sus manos mientras lo confesaba: un escapulario; precisamente aquel que yo le había dejado en su coche. Ahora él lo portaba en su viaje a la eternidad. Luego, en aquella casa también pude ver una hoja sobre la confesión, una de aquellas que yo mismo le había dado un domingo al mediodía.

Y ese día todo el pueblo lo comentaba, y también yo lo pensaba: ¡he confesado al diablo!

41. Y A MÍ QUÉ...

Pablo Félix Aranda Alagarda
Valencia (España)

Al mes de ser ordenado sacerdote se me envió de capellán a un hospital durante el mes de agosto. Yo entraba en todas las habitaciones y saludaba a los enfermos de la misma manera: «Buenos días, soy el capellán, vengo a saludarle». La reacción solía ser positiva, a veces era de extrañeza y, unas pocas veces, de rechazo.

Pero hubo una que me llamó poderosamente la atención y que cuatro años después no he podido olvidar.

Entré como de costumbre en una habitación y encontré una mujer anciana. Al saludarla y decirle «Buenos días, soy el capellán...» la mujer me contestó: «Lo que pasa es que yo no creo en Dios». Mi respuesta un tanto impulsiva fue: «Y a mí qué; yo sólo vengo a saludarla». Ahí quedó la conversación.

La sorpresa fue cuando volví unos días más tarde y aquella anciana me dijo: «Lo estaba esperando ansiosamente. Su respuesta "y a mí qué" me sorprendió muchísimo y no he dejado de pensar en ello. He descubierto que la Iglesia no viene a imponerme nada, sólo a ofrecerme su ayuda».

No dejé de visitarla un sólo día hablando de las cosas de Dios, y hasta hoy, cuatro años después, continúa nuestra amistad.

42. HACE CASI TREINTA AÑOS QUE NO ME CONFIESO

Atanasio Serrano García, SDB
Madrid (España)

Era una tarde muy calurosa de julio. Por la puerta de la iglesia salía un chorro de aire fresco con olor a limpio. El sacristán había puesto un disco con música gregoriana.

Miro el reloj de mi muñeca y trato de apurar hasta el último minuto con los jóvenes antes de ir al confesionario. Soy un vicario parroquial.

Entro en el templo un tanto contrariado y con poco humor: me ha costado dejar el ambiente de la sala de juegos del centro juvenil, pero es mi hora de confesiones y debo obedecer a mi párroco y seguir el programa que me dejó cuando se fue de vacaciones.

Estoy en el confesionario disipado, desganado y distraído mirando a los turistas que entran en el templo. Desde hace unos minutos juego a seguir a una persona que ha entrado. Pasea por el templo mirando todo y sin fijarse en nada. Da una vuelta al ábside. Llega cerca de mí, le miro. Se nos cruzan las miradas. Esbozo una sonrisa de disimulo. Sigue paseando. Se sienta en un banco cualquiera en medio de la nave. Respira profundamente y luego pasa un rato en silencio. Se arrodilla. Me mira. Mete la cabeza entre sus manos. Silencio. Se oye el gregoriano. Pasa otro rato. Se levanta. Viene hacia mí. Se arrodilla delante:

– Ave María Purísima.

– Sin pecado concebida.

– Padre, hace casi treinta años que no me confieso y...

– ¡Un momento!... ¡casi treinta años!... ¿por qué viene hoy?

– Pues, verá... verá, padre... porque le miré a usted y su rostro me dio confianza.

Me quedo como traspuesto ante la evidencia de la gracia divina...

¡Dios mío, pero si yo estaba jugando, distraído, contrariado y deseando que pasara la hora! ¡Ni siquiera había hecho oración ni era consciente de estar en la presencia de Dios! Sólo esperaba que viniera alguna anciana solitaria a decir que «no tiene pecados».

– Y... ¿lo de entrar en la iglesia? ¿por qué entró?

– Pues verá: yo paso cada día dos veces por delante de la puerta. Alguna vez he pensado entrar, pero las prisas, las ganas de llegar a casa... Hoy, al pasar, oí la música, me acerqué a la puerta. Salía un chorro de aire fresco con olor a limpio muy agradable... ¡y afuera hace tanto bochorno! Luego dentro... he sentido algo... no sé... pero... ¡Padre, he sentido Amor... no lo sé explicar! Luego le he mirado a usted y usted me sonrió.

Ahora nos reímos juntos.

Hizo una buena descarga de toda su vida. ¡Una auténtica conversión! Charlamos un buen rato. Se echó a llorar y yo también: lloramos juntos ante la Misericordia de Dios. Reímos y lloramos... varias veces.

«...y yo te absuelvo de tus pecados en el Nombre del Padre, y del Hijo y del Espíritu...»

Señor, ¡cómo te vales de herramientas tan inútiles! ¡Yo no había hecho nada para que esto sucediera! Es más, con mi mala disposición se diría que lo estaba impidiendo, que no podía suceder. Y Tú rompiste mi rutina y mi desidia... ¡y jugaste conmigo!

Llegó el domingo. Antes de la misa estoy de nuevo en el confesionario. Los penitentes van pasando uno tras otro. Hoy no hay tiempo para la distracción. De pronto se me arrodilla delante otra vez.

– Ave María Purísima.

– Sin pecado concebida.

– Padre hace dos días...

Nos saludamos como amigos de varios años.

– Padre, he traído a mi familia, quieren confesarse, trátelos bien.

43.   ANTES DE QUE SEA DEMASIADO TARDE

André Côté
Saint-Jérôme (Canadá)

Una mujer vino a verme para preguntarme si yo podía visitar a su ex esposo en el hospital. Me contó que él era alcohólico, muy violento, que la golpeaba a ella y a sus hijos, y que ella tuvo que dejarlo porque la vida era imposible. A este hombre no le quedaba mucho tiempo de vida. Ella no podía verlo dejar este mundo así, con esta preocupación en su alma.

Entonces fui a verlo. Lo saludé y le pregunté si le gustaría recibir la santa comunión. Esto le hizo reaccionar pero respondió que no. En el segundo encuentro fui para saludarle y desearle un buen día. En la tercera visita le ofrecí el sacramento de la penitencia. Se negó diciendo que Dios jamás podría perdonarle todo el mal que había hecho. Entonces le hablé del buen ladrón en la cruz, que no conocía la bondad de Dios. El buen ladrón experimentó que ese Amor sobrepasaba todo el mal que él había cometido. Piensa en esto –le dije.

Dos días más tarde me llamó a su habitación. Quería confesarse. En los días que siguieron hizo venir a su ex esposa y a sus hijos para pedirles perdón. La última de sus hijas, que tenía muchas dificultades para perdonarle, estuvo ahí algunos minutos antes de que muriera. Lo perdonó en sus últimos momentos de lucidez.

44. REGALO DE NAVIDAD

Sébastien Dehorter

Bruselas (Bélgica)

Era mi primera Navidad en una parroquia. Al final de la tarde iba a visitar a una anciana enferma para llevarle la comunión. Al regreso pasé por enfrente de la iglesia, que estaba cerrada al final de la jornada. En este momento un auto se para. Una mujer sale y, con brusquedad, se acerca a la puerta cerrada. Yo veo en ella no tanto rabia, sino un profundo desaliento.

Me acerco diciéndole que era uno de los sacerdotes de la parroquia, disculpándome por el hecho de que estuviera cerrada la iglesia. Era una enfermera. Toda la noche ha trabajado con los enfermos, en unas condiciones difíciles y no había ido a misa por la mañana, esperando encontrar una en la noche. Maquinalmente meto la mano en la bolsa, para sacar las llaves de la iglesia. Entonces le digo que yo puedo abrir y que juntos iremos a ver a Jesús.

Penetramos rápidamente hasta el pie del gran nacimiento. La mujer se pone de rodillas y yo la imito, justo detrás de ella. Ella comienza entonces a dirigirse directamente a Jesús, expresando todo al mismo tiempo: las dificultades de su trabajo y su confianza en él. Es verdaderamente Navidad. Jesús está allí, en el pesebre; Dios en medio de nosotros, accesible a todos.

En un momento me atrevo tímidamente a decirle: «¿Sabe usted?, el día de Navidad es también un día de misericordia...» Entonces, sin cambiar de posición, he aquí que ella expresa su confesión al niño Jesús y que, en la alegría de este día, yo le doy el perdón de Dios. Enseguida, con el corazón ya conmovido, voy rápidamente al tabernáculo para traerle la comunión, que ella recibe con gran alegría. «Es mi más bella Navidad» –me dice ella al salir–. «Para mí también», dije en mi corazón.

45.   YA NO VIVO YO, ES CRISTO QUIEN VIVE EN MÍ

Fernando Pérez Arizpe
La Paz (México)

Recuerdo una ocasión en que, sentado en el confesionario después de haber atendido a un buen número de personas, llegó a la ventanilla otra persona muy afligida. Inicié la confesión como de ordinario y recuerdo que comencé a experimentar yo también mucho dolor y aflicción.

En ese momento dije hacia mis adentros, como una fuerte oración y súplica: «¡Señor, dile algo a esta persona, por favor!»

Después de eso, no recuerdo lo que pasó, ni cuánto tiempo pasó, pues yo seguí orando, hasta que una lágrima rodó por mi mejilla y me hizo cobrar nuevamente conciencia de que estaba yo en el confesionario.

En ese momento me asusté un poco porque pensé que me había quedado dormido; y fue entonces que escuché decir al penitente: «Padre, ¡muchas gracias! No se imagina cuánto me han ayudado sus palabras».

En ese momento mi sorpresa fue mayor, porque yo ni siquiera recordaba haber dicho nada. Después de ese momento, salí del confesionario y me dirigí contento y emocionado hacia el sagrario para agradecerle a Jesús que Él mismo hubiera confortado a esa persona. Reflexioné y volví a caer en la cuenta de que verdaderamente es Jesús en la persona del Sacerdote quien reconcilia a sus hermanos con Dios su Padre, en el sacramento de la reconciliación.

¡Soy feliz y me siento orgulloso de ser Sacerdote!

46.   ¡ESCOJO A DIOS!

Delton Alves de Oliveira Filho

Uruaçu (Brasil)

Era domingo por la tarde, a punto de celebrar la misa de jóvenes. Ya estaba revestido y listo para comenzar la misa cuando vi en la plaza a un joven cabizbajo. Noté que algunos amigos le invitaban a ir a la iglesia, pero no conseguían nada. Aprovechando los minutos que quedaban me acerqué a él y le pregunté si quería participar en la misa. El chico me miró con los ojos llenos de lágrimas y me dijo: «¡Yo no puedo entrar en la iglesia!»

– Todos son bienvenidos en la casa de Dios –le respondí.

– Pero yo no, porque soy un gran pecador –me dijo mientras cubría su rostro con sus manos.

Entre sollozos y lágrimas me contó su triste historia, de una manera tan sincera que parecía una confesión. Luego de escucharle le repetí que aun así él sería muy bienvenido en la casa de Dios. Él seguía luchando, pues decía que a pesar de su gran arrepentimiento no podría abandonar la vida que llevaba. Después de intentar todo para convencerlo, le pregunté: «Si sólo vivieras hoy, y tuvieses que escoger entre Dios y tu vida de pecado, ¿qué escogerías?» Él me respondió rápidamente: «¡Escojo a Dios!». En ese momento extendí mi mano y pronuncié la fórmula de absolución sacramental. «Dios quiere tu corazón ahora. Mañana todavía no llega. Por lo menos ahora entra a la iglesia y déjate visitar por el Dios que has escogido».

El joven me abrazó largamente y entró en la iglesia. Era como si fuera su primera misa. A pesar de todo lo que temía, logró perseverar. ¡Bendito sea Dios por su gran bondad y misericordia!

47.   HASTA QUE LA MUERTE LOS SEPARE

Christophe Prigent
Lesneven (Francia)

El 20 de julio de 2007 volví a encontrar a «Jorge» y a «Beatriz», para preparar el funeral de su hijo «Didier», de 24 años, que acababa de suicidarse. Ellos no estaban casados. Jorge padecía un cáncer muy avanzado.

En agosto, al regreso de mis vacaciones, los visité en su apartamento. Estaban deshechos. Ocho días más tarde Jorge fue internado en el hospital y fui a visitarlo. A mi regreso, recé a la Virgen para que él pidiese la mano a Beatriz. Dos días después mi oración fue escuchada: Beatriz, muy contenta, me llamó para anunciarme la noticia.

Rellenamos los documentos del matrimonio civil y religioso. Preparamos la celebración en la habitación del hospital. La boda fue programada para el 10 de octubre. Los dos se confesaron. El personal médico se involucró en el evento. El ambiente en el hospital era muy alegre.

El ayudante del notario llegó a la habitación a las nueve de la mañana para el matrimonio civil. La boda religiosa fue media hora después, en presencia de dos testigos y del segundo hijo de Jorge y Beatriz. Todos vivimos una fuerte y hermosa experiencia. Jorge y Beatriz estaban resplandecientes. Yo estaba muy emocionado. Festejamos el evento con un poco de champagne.

La mañana siguiente Beatriz me llamó a las 11:00 y me dijo: «Jorge está agonizando». Fui de inmediato al hospital. Rezamos y le administré la unción. Rodeado de sus seres queridos Jorge murió a las 12:00.

Al escribir estas palabras estoy todavía muy conmovido. Durante la misa de exequias agradecí al Señor por haberme permitido vivir esto con Jorge y Beatriz. Ellos han dado un testimonio magnífico de fe y de amor a todos los que les conocieron. Esta experiencia siempre permanecerá en mi corazón de sacerdote.

48. HOY ES NOCHEBUENA

Julio Roldán García
Islas Canarias (España)

Fue en un barrio de Las Palmas de Gran Canaria. Por la tarde llamaron a la puerta de mi casa. Salí a abrir; eran dos drogadictos que están siempre junto a la puerta de la iglesia. Me pidieron que les abriera la verja que conduce hasta la puerta del templo para limpiarla de papeles. Accedí al ofrecimiento, pero les dije que sería un servicio gratuito y que no les daría dinero por ello. Aceptaron.

Cuando llegué junto a la verja para abrirles vi que un grupo de drogadictos estaba montando una fiesta junto a la puerta de la iglesia. Para ello habían tomado la electricidad de un local interior de la parroquia. Les dije que, ya que han tomado la luz de la parroquia, que colaboren al menos con alguna aportación económica.

En ese momento el cabecilla comenzó a gritar a sus colegas diciendo: «¡El cura pide cinco mil pesetas!». Negué que fuera cierto y repetí lo dicho. Se armó al instante un gran revuelo entre ellos. A los que se disponían a limpiar los eché fuera y cerré la verja que da acceso al templo.

Una vez cerrada la puerta mi temor era que no dejaran entrar a los feligreses a la "Misa del Gallo", a medianoche. Llamé inmediatamente a la policía para que aseguraran la vigilancia, y me dijeron que volviera a llamar a partir de las diez de la noche. Más tarde salí a cenar con una familia de la parroquia.

Regresé a las once. Tenían todo preparado a la puerta de la iglesia para hacer fiesta con música y bebidas. Una de las personas con las que llegué al templo fue a hablar con ellos. Yo llamé para asegurar una unidad policial. Me puse a preparar la "Misa del Gallo".

Llegaron las doce y la policía brillaba por su ausencia. Dentro de la iglesia, en los bancos del fondo, había algunos jóvenes de los que siempre están a la puerta y nunca entran a misa.

Al final de la Eucaristía, tras dar a besar la imagen del Niño a los que estaban en el templo, salí revestido a la puerta con el Niño entre las manos y les dije: «De parte de este Niño les digo que Él les quiere más a ustedes que ustedes a Él. Si alguno desea acercarse a besarlo, puede hacerlo». Y en el más respetuoso silencio pasaron algunos a besar la pequeña imagen de Jesús. Me invitaron a quedarme con ellos. Se respiraba paz. Es Nochebuena.

49.   ALGUIEN QUE ME DIJO: «VEN»

Juan Carlos Mari, LC
Guayaquil (Ecuador)

Después de una fila inmensa de confesión que duró alrededor de 7 horas, me disponía a irme a casa para descansar un poco. La Iglesia ya estaba vacía. Había estado esa noche de Viernes Santo en vela confesando. Una persona anciana se me acercó. Me preguntó si estaba confesando, y tuve ganas de decirle que viniera después, pero el Señor me impulsaba a acceder.

– «Sí, venga, vamos a sentarnos cerca de esta hermosa imagen del Cristo, que está cubierto, pues es Sábado Santo».

Le pregunté cuándo se confesó por última vez, y para mi sorpresa me dijo:

– Padrecito, hace más de setenta años que no me confieso.

– ¿¡Y qué le hizo venir ahora!?

Con lágrimas en los ojos me dijo:

– Pasaba enfrente de la iglesia y Alguien me dijo: «¡Ven!»

El Señor me quiso utilizar como instrumento para llegar a una cita que Él tenía con esa alma. Una cita que Dios tuvo que esperar por más de 70 años.

El Lunes de Pascua, esta persona partió a la Casa del Padre. La encontraron sonriendo. Como respondiendo a Alguien que también ahora le decía: ¡Ven, bendito de mi Padre!

50.   CON DIOS SÍ SE PUEDE

Uriel Medina Romero
Coatzacoalcos (México)

En los primeros meses de mi ministerio en la parroquia, se acercó a mí una señora. Recuerdo su aspecto: alta, joven y bonita, pero su mirada reflejaba tristeza y un vacío existencial. Me dijo: «Vengo buscándolo desde la ciudad; necesito hablar con un sacerdote».

Comenzó por decirme: «Soy casada, tengo dos hijas y desde hace trece años no hablo con mi marido». Le pregunté: «¿Se fue a Estados Unidos?» Me respondió: «No, está en la casa pero no nos hablamos».

Me narró su historia y la escuché con atención. Su corazón estaba enfermo por los resentimientos, por el odio, por los deseos de venganza. Cuando ella terminó tomé la Biblia en mis manos y le leí. Le hablé de los textos que recordé sobre el amor de Dios al hombre, sobre el perdón, sobre el amor fraterno y el amor conyugal. Me escuchó, pero el final me dijo: «Eso no es para mí; ni lo perdono ni le pediré perdón».

Le pregunté: «¿Qué hace usted para darle de comer?» Me respondió: «Le pongo la comida sobre la mesa y, si quiere, que se la trague, y si no, que la deje». Le volví a preguntar: «¿Y él come?» Su respuesta fue enfática: «Al principio sí; pero últimamente se va a comer con sus hermanas».

– Y cuando usted quiere dinero ¿qué hace?

– Él me deja el dinero sobre el buró sin decir nada, yo lo tomo y hago los pagos.

– Y cuando quieren un abrazo, un beso, ¿cómo hacen?

– No hay –fue su respuesta– desde hace trece años.

– ¿Y sus dos hijas adolescentes?

– Ahí en la casa –me respondió.

– Le aseguro que tampoco son felices. Participan de la tristeza y del odio de sus padres.

Su respuesta fue clara y precisa: «Ni modo».

Volví a leer algo del Evangelio, le di instrucciones para iniciar un diálogo liberador con su marido y le pedí permiso para hacer una oración fraterna. Le impuse las manos e hice la oración con voz suficientemente alta para que la escuchara, diez o quince minutos. Le pregunté que si se animaba a perdonar y me respondió: «No, nunca». Volví a orar sobre ella dos o tres veces más, ya en silencio. Y la miré irse con una lágrima en sus ojos, pero diciendo que no se reconciliaría con su esposo.

Quince días después la vi entrar por el atrio, tomada de la mano de un hombre alto. Parecían de la misma edad. Al acercarse la reconocí. Me saludó diciéndome: «Padre, le presento a mi marido. Hice lo que usted me dijo y nos reconciliamos». El marido me dijo: «Le aseguro que estamos viviendo una segunda luna de miel, y mucho mejor que la primera. De lo que nos estábamos perdiendo por tontos».

Mientras ellos me hablaban yo decía en mi interior: «¡Gracias Señor, porque me llamaste a ser sacerdote!», sin poder evitar que las lágrimas vinieran a mis ojos.

51. UN ESTUDIANTE «SOBRESALIENTE Y DIFÍCIL»

Aloysius Beebwa, WF
Bruselas (Bélgica)

Una de las experiencias más bellas de mi sacerdocio ha sido trabajar como profesor en una escuela de Tigray, en el norte de Etiopía. Una vez tuvimos un estudiante que fue clasificado como «sobresaliente y difícil». Aquí lo llamaremos «Yirgalem».

Yirgalem había mandado «al diablo» a casi todos los profesores, y casi todos ellos lo habían mandado a él al mismo lugar. Un día lo vi paseando a la hora de clase. Los profesores no le decían nada, por miedo a que luego él los apedreara fuera del colegio. Se protegían siendo indiferentes. Los años me han enseñado que la indiferencia no sólo es destructiva, sino incluso pecaminosa.

Yo me inmiscuí en el asunto. Sentí que era parte de mi misión. Pensé que no podíamos dejar que se perdiera este joven. Había que hacer algo por Yirgalem.

Siempre estuve interesado en las personas consideradas «difíciles», porque frecuentemente significa que no nos hemos puesto en sus zapatos. Ciertamente es mucho más fácil mandarlos a volar.

Pero la fe en Dios nos pide un poco más. Decidí afrontar a Yirgalem. Tuvimos una conversación difícil. Traté de explicarle mi opinión y la posición de la escuela. Sobre todo lo invité a no descuidar sus estudios porque, si ponía esfuerzo, se le abrirían muchas oportunidades en el futuro. La despedida no fue muy amigable, pero yo estaba contento de haber podido contactar con él. No me parecía que él fuera a apedrearme por eso, aunque sabía que estaba caminando en terreno peligroso. Pero si Jesús hubiera escogido la vía políticamente correcta, la historia hubiera sido muy diferente.

Algunos días después, mientras caminaba, escuché que alguien venía hacia mí. Me detuve y, al mirar atrás, encontré a Yirgalem. «¿Qué pasa aquí?» –pensé–. Se veía muy preocupado y tenso. Jadeante y nervioso me dijo: «Padre, ¿podemos hablar?»

– ¿Hablar tú conmigo? ¿Tú que mandas «al diablo» a todos en esta escuela y que descuidas tus estudios? ¡Olvídalo!

– Tengo un problema muy serio y sólo puedo contárselo a usted.

Entonces reflexioné y tuve compasión. Yirgalem volcó su corazón. Habló sin parar. Este adolescente necesitaba ayuda, pues estaba metido en problemas muy complejos para su edad. También necesitaba ser atendido por algún médico, pero no tenía dinero.

Entendiendo su drama y movido por la misericordia saqué dinero de mi bolsillo y lo envié al doctor inmediatamente. Él sonrió, fue al hospital y volvió con los recibos.

Después de este episodio Yirgalem se convirtió en un estudiante feliz y mejoró sus estudios de un modo sorprendente. Nada satisface más a un maestro que el bienestar de sus alumnos.

En muchas otras ocasiones hablamos y, hacia el final del curso escolar, vino para agradecerme y despedirse. También Yirgalem me había evangelizado a mí, y yo estaba muy contento, sabiendo que el sacerdocio no tiene sentido si no va más allá del cuidado de nuestra imagen personal, fama o seguridad. El sacerdocio es un llamado a estar con los marginados, los débiles, los olvidados, cueste lo que cueste. Se trata de lavar los pies de los demás. Esto es lo que me enseñó Yirgalem, que no era simplemente «sobresaliente y difícil», sino que era sobre todo un joven abandonado por la sociedad.

52.   UN PEQUEÑO LOS GUIÓ

Alexander Pinto
Bombay (India)

Era diciembre de 1993. La hermana Marisa terminaba la preparación de los niños para la Primera Comunión. Uno de ellos era el pequeño Lachish, de madre católica y padre no católico. Sus padres no estaban casados por la Iglesia. Lachish veía el entusiasmo de sus compañeros, que harían ese año la primera comunión. Él esperaba ser parte del grupo. Es preciso notar que el pequeño Lachish estimaba mucho a la hermana Marisa y, con el permiso de sus padres, asistía a la catequesis y conocía lo básico de la fe. Pero un obstáculo pesaba sobre él: no había sido bautizado.

Lachish estaba muy triste. Con lágrimas en los ojos dijo a la hermana: «Por favor, yo también quiero recibir a Jesús». Ella, limpiando las lágrimas de sus ojos, dijo: «No puedo explicarte esto a ti, Lachish. ¿Por qué no pides a tu mamá que venga a verme y hablo con ella?» Su madre inmediatamente entendió. Fue a hablar con la hermana y le dijo que el padre Alex podría ayudarles, así que la hermana Marisa me trajo a la señora.

La madre de Lachish ya había notado el dilema en el que se encontraba. No tuve necesidad de explicarle la posición de la Iglesia. Le dije que hablara con su marido sobre la posibilidad de arreglar su matrimonio antes de que procediéramos al siguiente paso. Una semana después, los padres de Lachish vinieron a verme a la oficina. Sentí que el Espíritu Santo estaba trabajando en sus almas y en sus corazones. Él me comentó que Lachish estaba preocupado por no estar incluido en la lista de los que recibirían la primera comunión. Dijo que no tenía ninguna objeción ante este deseo de su hijo. Comencé a explicarle la posición de la Iglesia para que estuviera al tanto de la situación. Entonces pedí a ambos que lo considerasen y regresaran con una decisión dentro de una semana. A Lachish le pedí que rezara, ya que Jesús ama a los niños pequeños. En una semana, poco antes de Navidad, los padres de Lachish regresaron con la respuesta.

Después de orar y reflexionar estaban preparados para arreglar su matrimonio. Se casaron de acuerdo al rito católico para parejas con disparidad de culto. Escogieron el 10º aniversario de su matrimonio civil para hacer la celebración en la Iglesia. Sor Marisa, yo, la pareja y Lachish rebosábamos de alegría. Al final del rito del matrimonio Lachish fue bautizado. Dos semanas después recibió su Primera Comunión con sus compañeros, el 26 de enero. Era verdaderamente una celebración para todos. Para el pequeño Lachish, para sus padres, para la hermana Marisa y para mí. ¡Verdaderamente un pequeño niño los guió!

En 2008, Lachish –ahora ingeniero– llevó a sus padres al altar para celebrar sus bodas de plata. Tuve el honor de bendecirles de nuevo, después de 25 años. Aunque el padre de Lachish aún no es católico, sabe lo básico de la fe y de las enseñanzas de la Iglesia. Un día me dijo que él es católico en su corazón aunque todavía no oficialmente. Acompaña a su esposa e hijo a la iglesia, reza con ellos, los anima a rezar en familia. Que la gracia de nuestro Padre del cielo le lleve a la plenitud a su debido tiempo.

Alabo a Dios por las maravillas que hace con sus hijos. Sus caminos no son nuestros caminos; sus pensamientos no son nuestros pensamientos. La hermana Marisa y yo estamos profundamente felices y agradecidos por haber sido instrumentos de Dios para traer a esta familia al recto camino y mantenerlos felices con su presencia.

53.   UN ENCUENTRO INESPERADO

Amauri Sergio Marques
Ribeirão Preto (Brasil)

Un viernes a las 20 horas había un evento en el salón parroquial. Quince minutos antes yo aún estaba en casa terminando un trabajo que tenía que entregar en la facultad. Ya era tarde cuando salí en mi auto hacia la iglesia. Al llegar a la glorieta giré hacia la derecha. Entonces escuché un ruido: había chocado con una bicicleta.

El ciclista estaba bien. Me detuve y me quité el cinturón de seguridad para salir. El chico, ya cerca de mi puerta, gritaba ferozmente, con muchas palabrotas. Abrí la puerta del coche, salí, y con actitud de escucha y respeto me quedé mirándolo y esperando a que terminase de descargar toda su ira. Cuando terminó le dije: «Perdóname, por favor». No dije nada más.

El chico cambió completamente de actitud y me respondió: «¡Caramba! Casi me muero del susto. Mis piernas están temblando...»

Yo le dije: «Mis piernas también. ¿Pero tú estás bien?» Él contestó que no. Le ayudé a colocar su bicicleta en la acera. Moví mi coche para evitar esas aglomeraciones que generalmente se crean y continuamos conversando.

Le ofrecí llevarlo a su casa, pero él se dirigía a casa de una tía suya. Colocamos su bicicleta en la cajuela del coche y fuimos a casa de su tía. En el trayecto le pregunté su nombre unas cuatro veces. También me dijo que era herrero y que era el tercer accidente que tenía en menos de un mes. Entonces le dije que era sacerdote. En la casa de sus tíos fui muy bien recibido. Una vez más me aseguré de que él estuviera bien. Después, cuando sus tíos se tranquilizaron, me invitaron a entrar. No entré, pero después de un momento, en la despedida, les pregunté si frecuentaban alguna iglesia. Me dijeron que sí: eran «adventistas del séptimo día».

El chico dijo a su tía: «¡Qué bueno que el accidente fue con un sacerdote, porque resolvimos todo con tranquilidad! Yo podría estar todavía allí, con la policía, peleando para ver quién iba a pagar...» El comentario causó risa a todos. Finalmente nos despedimos y me fui. Al día siguiente llevé la bicicleta al taller.

El lunes, muy temprano por la mañana, fui al portón y allí estaba el chico. Con la mochila a la espalda y con su uniforme para ir al trabajo. Vino a buscar su bicicleta. Cuando la vio «como nueva» quedó muy contento, y yo también. Conversamos un poco más y luego me dijo:

– Padre, ¿puedo pedirle una cosa?

– Sí –respondí.

– Hablé con mi madre y ella me dijo que hablara con usted.

– Pues... dime.

– ¿Tiene un catecismo que me pueda regalar?

– ¿Un catecismo?

– Sí, yo quisiera... –quedó confundido.

Entonces le eché una mano:

– ¿Te gustaría hacer la primera comunión?

– ¡Sí, me gustaría!

Cuando me di cuenta, había vivido de modo muy sencillo y concreto uno de los días más felices de mi vida sacerdotal. Y el fruto estaba delante de mí.

54. EL MEJOR REGALO QUE ME HAN HECHO: UNA BALA

Francisco Alejandro Bernal Velasco
Santa Marta (Colombia)

Me encontraba en mis primeros años de sacerdocio como capellán en un gran cantón militar llamado Tolemaida; un sitio con altas temperaturas todo el año, en un trabajo que resultaba árido y estéril. Los soldados eran, en su mayoría, muy descreídos, y venían a la Eucaristía con poco interés y entusiasmo.

Yo estaba en un momento de desaliento, con ganas de cambiar mi ministerio. Me estaban dando ganas de irme para ser un párroco normal, como todos mis compañeros. Dejar de vivir en los cuarteles. Sentía que podría ser más feliz en una parroquia civil que en una capellanía militar, en una ciudad menos calurosa y con gente que aprovechara y apreciara mejor mi ministerio. Tal vez una comunidad con gente ya formada y que viniera con devoción a la celebración de la misa.

Sin embargo, un viernes por la tarde, durante la misa sentí una inspiración especial. Una de esas celebraciones donde, más que en otras, se siente fuertemente la presencia de Dios y que inspira palabras más ungidas durante la predicación, que a mí mismo me llegaron al alma. Al final de la misa un soldado regular se me acercó y me pidió que lo escuchara un momento. Con gusto lo atendí y el soldado sacó de su bolsillo derecho una bala, un cartucho de fusil de calibre 762, y me lo entregó. No entendí el gesto y, atónito, lo recibí con un gran interrogante en mi rostro. El soldado me dijo:

«Padre, había decidido hoy mismo acabar con la vida de un compañero que me molesta mucho y que no puedo soportar más, pero cuando estaba por introducir el cartucho en mi fusil para volarle la cabeza a mi compañero, nos hicieron formar para la misa y tuve que aplazar mi intención.

»Sin embargo, al escuchar su predicación sobre el perdón al hermano hasta 70 veces 7 y sus palabras y su testimonio, decidí regalarle la bala y soportar a mi compañero que ahora consideraré mi hermano, para que me enseñe a ser más humilde como usted dijo hoy. Gracias, padre. Si usted no hubiera estado aquí yo hubiera cometido un gran error y hubiera pasado mi vida en la cárcel con un gran cargo de conciencia».

Estas palabras me hicieron darme cuenta de lo valioso que era mi ministerio y dejé de pensar en mi realización personal. Ahora pienso que cada Eucaristía es la oportunidad de salvar, no sólo almas, sino también vidas. Ahora sé que mi vida sacerdotal tiene un gran sentido y que tengo que esforzarme por vivir mi sacerdocio cada día con más amor.

55.   DIOS EN EL CIBERESPACIO

Julio Roldán García
Islas Canarias (España)

Subrayo el poder evangelizador de internet. En las últimas parroquias donde he estado he tenido alguna página web que me ha permitido entrar en contacto con muchas personas, sobre todo alejadas de la Iglesia. Uno de mis mejores amigos es Tomás, quien contacta conmigo desde la web parroquial. Aunque no es un hombre cercano a la Iglesia, hoy siente la necesidad de acudir al templo para escuchar la misa. El contacto inicial por internet se transforma en amistad y en acompañamiento cristiano.

Junto a Tomás otra persona, de entre tantas que ayudo por internet, es un sacerdote. Me comunica sus alegrías y dificultades, le respondo desde mi limitación y pobreza. Continúa escribiendo, siempre agradecido por este espacio de escucha y atención personal.

Adrián es uno de los jóvenes de la parroquia en la que estoy actualmente. Lo conocí junto a los compañeros de su grupo al poco tiempo de llegar. Les comenté que me podían localizar de muchos modos: en la iglesia, también por el blog «Pastor y Hermano», por el correo o por Facebook.

Al poco rato llegué a mi casa, me senté frente a la pantalla y vi el correo electrónico. Entre los mensajes recibidos tenía una solicitud de amistad de Adrián. Actualmente los jóvenes de la parroquia son mis amigos en Facebook y Tuenti.

Podría continuar con una larga lista de nombres de personas que, a través del correo electrónico, del blog y otros medios, contactan conmigo. Destaco también a aquella muchacha llamada Irene; alrededor de 20 años, estudiante. Me escribió un correo electrónico pidiendo orientación espiritual. Decía no creer en Dios, pero lo buscaba intensamente; su preocupación era encontrarle. Le detectaron cáncer de pecho; vive con angustia su enfermedad y presiente su muerte. Me escribe así:

«Tengo cáncer. Me dijeron los resultados de la biopsia; tengo miedo, mucho miedo. Es algo que está dentro de mí y no sé qué hacer, no sé cómo pelear contra eso. Los tratamientos son carísimos y mi mamá es la única que está trabajando en estos momentos. Van a averiguar si el tumor está encapsulado o no, si tiene raíces y esas cosas. Tengo miedo, no sé qué hacer, estoy llorando mientras te escribo; tengo miedo, no sé qué va a pasar».

Eso lo escribió casi al final de su vida. Al día siguiente de su fallecimiento me escribió su hermano comunicando este triste suceso. Me comentaba que encontraron un correo despidiéndose de mí, previendo su muerte, con estas palabras:

«Hola, siento que tengo mucho que decir. Bueno, más que decir, tengo mucho que preguntar: ¿por qué y para qué la vida? Actualmente me duele todo, estoy flaca y ojerosa, casi no me reconozco, y siento que mi vida se acorta. Más que temer a la muerte me da miedo saber qué voy a encontrar al otro lado.

»¿Sabes?, siempre me dijiste que Dios me amaba, y quise creerlo, es decir, lo creí de ti más que de cualquier otra persona. Fuiste el único que no me juzgó por ser diferente, por decir abiertamente que no creía en Dios. Te siento como un amigo, te quiero muchísimo a pesar de la distancia, y sólo sé que si Dios es tan amigo como tú de mí, entonces no me juzgará por ser diferente, y tal vez me perdone por mis faltas.

»Aun desde el infierno hablaría bien de ti. Le daré gracias a Dios, si de verdad existe, si me encuentro con Él, por haberme puesto a alguien como tú en mi camino, aunque fuese ya al final de mi vida. Mi vida no fue fácil, y gracias a ti fue más llevadera».

Naturalmente la emoción saltó a mis ojos en cuanto leí estas palabras. Una mezcla de tristeza y alegría me invadió en ese momento. Dolor por la pérdida de una vida joven, una persona buscadora de las huellas de Dios. Gozo ante el bien insospechado que puede hacer un correo electrónico.

56. MI PRIMER TRIDUO SACRO COMO SACERDOTE

Paul Terkura Agabo, OSJ
Ibadan (Nigeria)

Llegué a la parroquia de aquella aldea el Miércoles Santo. Al día siguiente, Jueves Santo, fui a la comunidad central donde yo celebraría el Triduo. Según estaba organizado, la escuela católica «Roman Anyorkyo» sería el punto de reunión de más de 20 comunidades los siguientes tres o cuatro días, y se calculaban unos tres mil feligreses. Cuando llegué hubo una eufórica celebración y recibí una bienvenida muy jovial. Estaban felices porque el encargado les había dicho que había sido imposible encontrar a un sacerdote que se pudiera hacer cargo de su comunidad durante el Triduo. El señor Memde, sacristán, me dijo: «Incluso si hubieran enviado a cinco jóvenes curas para el Triduo Pascual terminarían agotados al final del Triduo». «Fada tom ne u gee kpa Aondo ka tahav ov», agregó el Sr Memde en lengua Tiv, y quiere decir: «Padre, el trabajo es demasiado para usted solo, pero Dios es su fuerza». Sabía que había ido para una tarea que no sería nada fácil.

El Jueves Santo, la señora Zekaan, catequista asistente, me informó que había 230 personas para la primera confesión y primera comunión. ¡Es un número increíble! y, ¿estoy completamente solo para hacer este trabajo? «Sí, padre», contestó. «Y aún faltan los penitentes ordinarios, que son todavía más».

Así que me dije, «yo soy inmerecidamente un instrumento de Dios, y no tengo que quejarme; Él me dará las fuerzas». Empecé con los que harían su primera confesión. Inmediatamente descubrí que tenían miedo, dado que sus catequistas les decían que quien cometiera algún pecado sería detenido antes de comulgar. Una dificultad mayor fue que ellos nunca antes habían estado cerca de un sacerdote. La mayor parte de ellos ven un sacerdote solamente una vez al año. Yo les dije: «Fada ka Aondo gaa!» (Dios Padre no es así, no tengáis miedo).

Me senté a confesar desde las 8:30 a.m., y a las 12:00 el Señor Memde envió a uno de los sacristanes, Tersee, para llevarme a comer. «No te preocupes, Tersee. Dile al catequista que estoy bien». Pero el mismo catequista vino media hora después para llevarme con él. Sin embargo yo insistí en que tenía que acabar y continué hasta las 3:00 p.m. Apenas acabé con los catecúmenos, los penitentes normales hicieron una nueva fila. Yo no sé de dónde me vino la fuerza pero me senté a confesar hasta las 5:30 p.m., dado que la Iglesia recomienda confesarse al menos una vez al año, por motivo de la Pascua, y yo sabía que la mayor parte de estas personas sólo ven al sacerdote durante la Pascua.

A las 6:00 p.m. nos encaminamos a la misa de la Cena del Señor. En ella recibieron a Jesucristo en Cuerpo y Sangre por primera vez aquellas 230 personas. Estuve distribuyendo la comunión por casi una hora. Esto no fue divertido: mis manos se debilitaron, temblaron, las articulaciones me dolían.

Al día siguiente, Viernes Santo, tuvimos un viacrucis viviente. Fue tan dramático que muchas personas, especialmente las mujeres, empezaron a llorar por las heridas que Jesucristo soportó por nosotros. Para la mayor parte de ellos era la primera vez que veían a un sacerdote que caminaba junto a ellos, bajo un sol flagelante, sobre las calles polvorientas de su aldea.

El clímax de mi experiencia en Anyorkyo fue el bautismo de más de 300 catecúmenos durante la Vigilia Pascual. Estaban vestidos de blanco, como los purificados por la Sangre del Cordero. Realmente el rito bautismal sobre cada uno de los 300 catecúmenos fue todo un desafío. Pero al final quedé muy contento, pues Dios me usó como instrumento para hacer de esas personas hijos de Dios. Ellos también estaban muy contentos, como yo, y terminaron queriendo que me quedara como su pastor, o al menos que viniera al año siguiente.

V. Defendiendo la Vida

*Yo he venido para que tengan vida y
la tengan en abundancia.*

(Jn 10,10)

Cuando en 1492 Colón y sus compañeros vieron por primera
vez a los habitantes de América nadie tuvo la menor duda de que se
trataba de seres humanos. Si bien su atuendo y el color de su piel
eran diferentes, eran muchas más las semejanzas que los
hermanaban. Pero algunos conquistadores no tardaron en advertir
lo útil que podía ser considerar «infrahumanos» a los indígenas.

Hoy la historia se repite. Nadie ponía en duda que en el
vientre de una mujer encinta hay un ser humano, que se desarrolla,
que debe ser protegido, porque, al igual que un bebé ya nacido, no
puede defenderse ni entiende lo que ocurre a su alrededor. Los
indígenas podrían ser esclavizados. Sólo se necesitaba declarar
oficialmente su inferioridad. Para evitar esta injusticia tuvo inicio
un encendido debate en defensa de los indios, encabezado por Fray
Francisco de Vitoria y otros dominicos en la Universidad de
Salamanca. Con fuerza afirmaban: «Son seres humanos con los
mismos derechos que nosotros».

Pero ¿por qué tuvieron que ser sacerdotes quienes
defendieran los derechos humanos? ¿Acaso se trataba de una
cuestión religiosa? Jesucristo es la Vida, y sus ministros son
ministros de la Vida. La vida humana es sagrada, y por ello no
puede comprarse a ningún precio. Es por eso que su defensa es
parte integrante de la misión del sacerdote. O, como dijo san
Ireneo, «la gloria de Dios es el hombre viviente».

57.   UN SACERDOTE NO NACIDO

Eustache Saint Hubert
Puerto Príncipe (Haití)

Hace 5 años asistí a una ordenación sacerdotal. Después de la ceremonia una mujer vino hacia mí muy emocionada y me dijo:

«Padre, tengo que contarle algo: Cuando usted era un joven sacerdote yo escuché un retiro que usted había predicado en la catedral de Puerto Príncipe. En su sermón usted habló sobre el aborto. Dijo que las madres deben velar por sus hijos, pues "este hijo que quizá quieren destruir podría llegar a ser presidente de la república, sacerdote u obispo".

»En aquel momento yo llevaba un niño en mi seno y tenía la intención de abortarlo. Después de su sermón reflexioné mucho, y cambié de opinión a causa de sus palabras. Pues bien, aquel niño es uno de los sacerdotes que acaban de ser ordenados aquí. Sentí la obligación de agradecerle...»

Yo le respondí: «Demos gracias a Dios».

58.   DALE UN BESO A TU SALVADOR

Kevin Matthew Lee
Parramatta (Australia)

Hay muchos ejemplos de cómo Dios ha obrado por medio de mí como instrumento, pero la siguiente historia es la que más recuerdo, y la que más me ha asombrado.

Estaba una noche de capellán en el hospital de Westmead, cuando llegó una nota pidiendo que yo fuera a bendecir a una mujer que tendría una operación al día siguiente. Entonces fui y encontré una mujer embarazada, y me dijo que estaba preocupada por la operación.

– ¿Qué le van a hacer?

–«Una histerotomía muy grande» –me dijo–.

Pensé: «Será muy difícil que puedan extraer el útero y salvar al bebé». Entonces ella continuó diciéndome que era necesario que procedieran así, ya que tenía un cáncer cervical.

Le habían dicho: «Dios no necesita perdonarte, porque no tiene nada de malo lo que planeas hacer».

Le conté de la beata Gianna Beretta Molla, una doctora italiana que tomó la decisión heroica de sacrificar su vida por la de su hijo, que todavía no nacía, y rogué para que ella confiara en Dios en esta situación.

«Por favor, déjame pedir por ti para que tengas el coraje de cambiar de idea y salves la vida de tu hijo, que todavía no nace». Con lágrimas en su rostro rezó conmigo. Volví a casa y oré en la capilla durante la noche para que no perseverara en su decisión. Hablé con un doctor en nuestra parroquia, y él insistió en que ella continuara con el embarazo hasta que el niño tuviera siete meses, así podría dar a luz y después tener la operación.

Al día siguiente, a las ocho de la mañana, un hombre tocó a la puerta. Su voz llena de ansiedad dijo: «¿Es usted el sacerdote que habló con mi esposa anoche?» Pensé que estaría muy enojado conmigo, pero para mi sorpresa dijo: «Quiero agradecerle. Vamos a seguir su consejo y esperar hasta que el bebé tenga siete meses, y entonces induciremos el parto». La mamá continuó y tuvo una niña muy hermosa y saludable a quien después bauticé. Un mes después tuvo la histerotomía y quedó fuera del peligro de cáncer.

Cada año, en el cumpleaños de la niña, veo a su mamá y a su papá en la santa misa con sus hijos en la parroquia. La madre siempre le dice a su hija: «Ven y dale un beso a tu salvador».

59.   UN SACERDOTE ANTE LA MENTIRA DEL ABORTO

Alessander Carregari Capalbo
Brasilia (Brasil)

Hace unos cuatro años vino a verme una pareja que pasaba una situación muy difícil. Habían recibido la noticia de que la mujer estaba gestando una niña acéfala.

Me sentí impotente ante semejante situación, pero estaba convencido de que el Señor los había puesto delante de mí para que yo les pudiera ayudar. Confieso que no fue fácil para mí, pues pienso que, en el mundo donde vivimos, hechos como este son tratados con mucha frialdad o al menos de forma muy simplista. De hecho, este caso no fue la excepción. El médico había hecho un diagnóstico y ya había aconsejado un aborto, porque «el objeto que estaba dentro de ella no era una persona, dado que no tenía cerebro y no viviría mucho tiempo».

La cosa era compleja, pues me preguntaba: «¿El hombre es solamente cerebro? ¿Cómo un médico puede estar con la conciencia tranquila aconsejando tal monstruosidad?» Sentía que la pareja había tomado la decisión de abortar porque estaban impresionados con la explicación y con las fotos que el médico les presentó. Me sentía impotente, pero con la certeza de que el hombre es mucho más que cerebro, piernas, brazos... ¡El hombre posee una realidad que le trasciende, que no muere, que es espiritual!

Después de tres horas de conversación, y ayudados también por una médica católica, la pareja se convenció de que el embarazo debería llegar hasta el final para experimentar el poder de la vida.

Una de las cosas que me impresionaron en este tiempo fue ver el semblante de la madre: en todos los momentos trasmitía felicidad y paz. Solamente en algunos instantes venía el combate y el miedo, pero siempre estuvieron ayudados por el sacramento de la Eucaristía y el acompañamiento de la doctora.

Llegó el día del nacimiento. Llegué temprano al hospital, pues había prometido a los papás bautizar al niño tan pronto como llegara al mundo, pues ya sabíamos que el Señor nos lo concedería solamente por algunos minutos.

Estaba un poco nervioso, pues nunca había vivido una experiencia tan fuerte como esta. Mi sorpresa fue nuevamente encontrar a la mamá antes del parto y notar que acariciaba su vientre, trasmitiendo un gran amor a su hijo.

En el momento del parto, esta mujer joven tenía un rostro sereno y un semblante que trasmitía paz. Me llené de alegría, pues noté la presencia del Señor que estaba con ella, dándole fuerzas para que testimoniara que creemos en un Dios de vivos y no de muertos y que, para él, cada persona –sea como fuere– es importante y tiene un valor enorme.

Cuando nació el niño, yo no podía creer en lo que estaba viendo. No tenía nada que ver con lo que el médico había dicho a los papás. El bebé tenía el cuerpito perfecto, respiraba, movía los brazos, las piernas. Pude administrar el sacramento del Bautismo y sentir amor por aquel niño que estaba con los ojos abiertos. En el momento en que derramé el agua sobre su cabeza para el Bautismo, cayeron algunas gotas en su ojo y él se sintió incomodado. ¡Acompañé a aquel recién nacido durante todo su tiempo de vida! El Señor le concedió la gracia de nacer y de ser amado por sus padres y de ser testimonio de Cristo, siervo sufriente, que aceptó la voluntad de su Padre en aquel hospital. Para las enfermeras, para los médicos, para sus padres y, sobre todo, para mí, aquel neófito era la imagen de Cristo.

Fueron 36 minutos de vida, durante los cuales pude hablar, rezar e incluso pedirle intercesión en el cielo por mí, por sus padres y por nuestra parroquia. Así es como el Señor le llamó: «Ven, bendito de mi Padre» (*Mt* 25,34). Se cumplió la promesa de Cristo: «Padre, los que tú me has dado, quiero que donde yo esté estén también conmigo, para que contemplen mi gloria...» (Jn 17,24)

Jamás olvidaré este momento tan importante para mí, para mi vida y para la maduración de mi fe.

Me gustaría que en este momento estuvieran tantos de los que están a favor del aborto y que me explicaran cómo es posible defender esa actitud delante de una persona indefensa, siguiendo la lógica de que sólo los perfectos pueden vivir. Creo que tales personas jamás experimentaron el amor. La persona no es sólo pierna, sólo brazo, sólo cerebro...

Señores médicos, señores políticos y todos aquellos que tienen la autoridad de hacer las leyes, piensen bien en lo que están intentando legalizar, pues no corresponde a la experiencia que yo viví. No nació ningún monstruo, sino un hijo de Dios que fue amado por Él, por sus padres y por mí.

60. LA ORACIÓN Y EL AYUNO CONSIGUEN MILAGROS

Fernando Tadeu Barduzzi Tavare, FMDJ
São Paulo (Brasil)

Un día, hace no muchos años, recibí la llamada de una persona a quien llamaré Isabel. Estaba embarazada por sexta vez, y su marido –a quien llamaré Adeodato–, no deseaba tener más hijos, y la presionaba para que abortara, amenazándola con abandonarla en caso de no acceder.

Isabel me contó llorando toda su historia, diciendo que no tenía más fuerzas para luchar contra su marido. Esperaba solamente un milagro de Dios que la salvara. Ella lloraba mucho, tenía conciencia del pecado de asesinato que estaba por cometer, pero confiaba hasta el último momento y esperaba que Dios cambiaría el corazón de su marido.

Conversé mucho con ella, intenté darle esperanza, pero estaba muy debilitada. Por fin me pidió que hablara con su marido. Llamé el mismo día, cerca de las 12:15. Hablamos durante una hora y media. Fue una lucha. Él decía que «eso» no era un ser humano, sino una masa que estaba todavía adquiriendo forma de persona... En fin, el discurso fue largo.

Cuando estaba para concluir la conversación él me dijo: «Para ustedes, sacerdotes, es fácil hablar. ¡No son ustedes los que mantienen a los niños!». Entonces le dije: «¡Hagamos un trato: usted no mata a su hijo y yo le doy mi palabra de que buscaré una familia que lo adopte, y si no la encuentro, lo adoptaremos aquí en el monasterio!» Él, irritado, me dijo: «¡Yo no soy un hombre que trae hijos al mundo para regalarlos!», y yo le respondí: «¡Usted no es un hombre, porque trata a su esposa como basura y porque para usted es más importante el dinero, porque es su dios!»

El mismo día llamé a varios amigos de grupos de oración y les pedí que rezaran por esta intención. Se lo conté a los hermanos del monasterio y pedí que ofrecieran conmigo oraciones. Con oración y ayuno podemos conseguir milagros.

Algunos días después volví a hablar con ella, y percibí en su voz un gran sufrimiento. Llamé a Adeodato y nuevamente intenté convencerlo, pero no sirvió de nada. Poco después llamó la madre de él para decirme que no me entrometiera en los asuntos de su hijo con Isabel.

Volví a hablar con Isabel varias veces, y también con su marido, y poco a poco percibí que el corazón de Adeodato era víctima del medio social en que vivía. Sufría la presión de los «amigos» del trabajo, que eran la voz de Satanás que lo mal aconsejaba.

El punto culminante fue un viernes, cuando a las 11:00 de la mañana recibí la llamada de Isabel que me decía: «Estoy saliendo a la clínica para abortar. Vienen conmigo mi esposo y su madre. Yo no quiero matar a mi hijo, ¡yo lo amo!»

Yo le dije: «¡Querida Isabel, creo que el Señor Dios tiene un plan en todo esto, en tu vida y en la vida de tu esposo. ¿Tú crees en esto?» «¡Sí, creo!», respondió. Yo continué: «Ya que es imposible que yo vaya hasta allá ahora, o que tú vengas aquí, vamos a rezar pidiendo que Dios actúe con la potencia de su amor. Isabel, coloca la mano derecha sobre tu vientre y yo rezaré, consagrando la vida de tu hijo en manos de Nuestra Señora, y le daré la bendición especial y materna de María, Reina de la Paz».

Entonces consagré el niño que estaba en su seno a Nuestra Señora, dándole la bendición especial y materna de María, Reina de la Paz, y le dije: «Puedes irte, pues tengo la certeza de que el milagro está concedido, ¿sabes por qué? Porque este niño ya no es tuyo ni de tu marido; es de María, y tengo la seguridad de que nadie lo matará ni lo arrancará de tu vientre». Ella colgó el teléfono llorando.

Al día siguiente ella me llamó, y comenzó a llorar.

– ¡Isabel, por favor, cuéntame qué pasó!

– ¡Ni se imagina dónde estoy!

– Pero ¿qué sucedió?

– Estoy en el hospital para hacer la ficha prenatal de mi hijo. ¡No aborté!

Entonces yo comencé a llorar de alegría. Isabel ratificaba todo diciendo: «¡Ahora, nadie va a arrancar a este niño de mi vientre!»

Ella me contó que, estando sentada en la clínica, el médico salió de la sala y dijo: «¿Quién es la siguiente?» Su esposo dijo: «Es mi mujer», el doctor les miró y les dijo con rabia: «¡Se pueden largar de aquí! ¡Ya estoy harto de hacer abortos!» Su esposo, desconsolado, respondió: «¡Doctor, sólo falta mi mujer!» El médico, enfurecido, respondió: «¿Quién es usted para decirme lo que tengo que hacer? Yo ya se lo dije, ¡váyanse de aquí, que no haré ni un solo aborto más!»

¡El milagro tan esperado se dio! Al final de junio nació la niña. Nació sana y muy llorona. En ese mismo año, 2007, la bauticé y pude tenerla en mis brazos y consagrarla de nuevo a Nuestra Señora, Reina de la Paz.

En la homilía yo veía a la niña en brazos de su papá, acariciándolo. Y mientras yo hablaba sobre el don de la vida, Adeodato lloraba, pues se había arrepentido y no podía negar aquel regalo de Dios.

61.   HASTA LOS FETOS REZARON

Douglas Anthony Mac Donald
Antigonish (Canadá)

Un día llegó a verme un parroquiano para decirme que su sobrina estaba embarazada, que tenía solamente 15 años de edad. La mamá de la niña no estaba muy contenta y había arreglado todo para realizar un aborto.

El parroquiano, consternado, me preguntó si yo podía hacer algo. Le dije: «Yo sé que Dios puede hacer algo, así que voy a rezar por esta intención». Pasaron algunas semanas y el feligrés vino para decirme que el aborto estaba programado para la siguiente semana, la mañana del martes. «Padre, ¿hay algo que usted pueda hacer para detener esto?».

Le dije: «Como católicos, creemos en la fe y en las obras, así que puedo llamar a la mamá y hablar con ella, y tú también puedes hablar con los demás familiares para salvar al bebé con tu promesa de mantener al bebé una vez que nazca».

Llamé a la mamá, aunque yo no la conocía ni pertenecía a la parroquia. Después de presentarme y explicar el motivo de mi llamada, me dijo que su hija era demasiado joven para tener un niño; que en realidad sería ella quien tendría que hacerse cargo del bebé, además de los crecientes gastos, pues ella misma era madre soltera. Después de narrar los motivos de su zozobra, yo le dije amable y afectuosamente: «Ese niño es su nieto». Hubo unos momentos de silencio y entonces ella agregó: «Lo sé, pero mi hija es muy joven e inmadura, y esto arruinaría su vida. La decisión ya está hecha; ella va a abortar». Le prometí entonces que la apoyaríamos si salvaba el bebé, pero ella respetuosamente rechazó la propuesta.

El siguiente fin de semana yo estaba dirigiendo un retiro para adolescentes. Había ahí dos chicas embarazadas, y en la misa conclusiva invité a todos, incluso a los bebés aún no nacidos, a rezar por un milagro para que viviera el pequeñín que querían destruir dos días después.

La mañana siguiente, en la misa del lunes, pedí a los fieles ofrecer la misa por esta intención especial, para que se diese un cambio de corazón. Luego de la misa, hice una última llamada telefónica, pero la mamá ya se dirigía a la ciudad, que estaba a 4 horas de camino, con su hija y su nieto. Me desilusioné y quedé muy triste.

Al día siguiente, martes por la tarde, aquel feligrés que me había llamado vino emocionado diciendo: «¡El bebé se salvó, ella cambió de opinión en el último minuto y decidió no abortar!». El aborto estaba programado para las 7:00 am. Una hora antes la niña dijo a su madre: «Mamá, yo no quiero hacer esto». La mamá le preguntó: «¿Estás segura? Al menos, déjame llamar a la clínica». Llamaron a la asistente social, quien les pidió encarecidamente que por lo menos fueran a la clínica para hablar personalmente, pero la hija estaba totalmente decidida. Entonces la mamá le dijo: «No, no vamos; nos vamos a casa con nuestro bebé». Paradójicamente esto había sido decisión de la hija. Yo nunca pude hablar con ella porque era una jovencita, pero Dios se encargó de hablarle directamente.

El siguiente fin de semana conté a la parroquia entera la hermosa historia de cómo el niño se había salvado. Muchos parroquianos se apuntaron para ofrecer su ayuda para el bebé. Lo más sorprendente de todo fue una noticia que me comunicó un hermano sacerdote dos días después, porque había escuchado nuestro caso. Los cuarenta días de la campaña pro-vida estaban llegando a su fin, y los pro-vida estaban triunfantes porque una asistente social había renunciado a su trabajo, diciendo que no podía continuar aconsejando a la gente que abortara. Eso fue un martes, el mismo día en que el bebé se salvó. ¿No podría esta asistente social ser la misma que había hablado a la joven?

Fui a ver a la madre y a la hija con un regalito, para ofrecer nuestro apoyo y oraciones. Un mes después, en la Ultreya, hubo un cursillo de fin de semana. Les narré a todas las adolescentes la historia y quedaron profundamente conmovidas, especialmente aquellas dos adolescentes embarazadas, que estaban llorando. Pudo haber sido por su intercesión pues, ¿podría Dios resistir las peticiones de estas dos mamás y las de sus bebés en su seno?

Yo todavía me conmuevo cada vez que repaso estos sucesos.

62. MI REGALO DE CUMPLEAÑOS

Flávio Jorge Miguel Júnior
Sorocaba (Brasil)

En septiembre de 2008 un joven, feligrés de aproximadamente 20 años, me llamó llorando, pidiendo que lo atendiera urgentemente. A pesar de la fatiga de ese día, pues ya era de noche, le recibí en mi casa. Me dijo que su novia quedó embarazada de gemelos y que ya había tomado la decisión de abortar, porque ya tenía dos hijas de otra relación. Después de escucharlo, le pedí el teléfono de la chica para conversar con ella, aun a riesgo de escuchar algún insulto, porque sabía que ella no era practicante.

Tomé valor y la llamé para fijar una cita en mi casa al día siguiente. Ella vino con su hermana. El aborto estaba programado para el día después. Para salvar a los gemelos traté de sacar todos los argumentos bíblicos y también le hablé de los riesgos de la cirugía. Mi intervención no tuvo éxito. Entonces hice la siguiente propuesta: «Ten estos niños y yo me quedaré con ellos». Después de esto, ella se enfadó y dijo que nunca le daría su hijo a nadie.

Entonces, como un último intento, dije que comprendía todos sus sufrimientos y que quisiera hacer una oración por ella. Eso sí lo aceptó; se levantó y le impuse las manos sobre la cabeza e hice una oración silenciosa. Entonces, sin pedir permiso, puse las manos sobre su vientre y consagré en voz alta a los bebés al Corazón Inmaculado de María. En ese momento la joven comenzó a llorar y se sintió tocada por el Señor. Y le dije: «¡Tendrás estos niños y no vas a abortarlos, porque María ya es su madrina!»

Salió de la casa en silencio y sin decir si tomaría en cuenta mi consejo sacerdotal. Una semana después su novio me llamó diciendo, para la Gloria de Dios, que ella no abortó y que decidió tener a los niños.

Después de unos meses, el 20 de abril de 2009, recibí otra llamada de este muchacho contándome que acababan de nacer sus dos hermosas hijas. Yo me emocioné mucho y apenas podía hablar. Él me preguntó por qué lloraba tanto y simplemente le dije: «¡Hoy es mi cumpleaños!"

Este fue el regalo más grande que haya recibido jamás, y una señal del Señor en mi ministerio sacerdotal.

63.   NI LA POLICÍA AMERICANA...

Antonio María Domenech Guillén
Cuenca (España)

La tarde del pasado día 30 de octubre conversaba con un matrimonio, en la segunda planta de un bloque de pisos de una de las calles más populosas de Valencia. Cuando la conversación entraba en la parte más interesante sonó el teléfono. «Es mi abuela –dijo la señora de la casa– que vive en el cuarto piso y dice que salgamos al balcón».

Sólo salir, pudimos ver un par de coches de bomberos, una ambulancia, mucha policía nacional y una zona acordonada en cuyo centro había un enorme colchón, más grande que una piscina...

– Parece que va a haber un suicidio.

– ¡No puede ser! –exclamé, dándome cuenta de lo que eso suponía.

– Sí –dijo la señora–, hace dos años vi algo parecido y era eso.

– Pues debería bajar. Aunque... no sé qué puedo hacer.

– Baja, si no, no te quedarás tranquilo.

Ya decidido me puse la chaqueta, bajé las escaleras y fui a preguntarle a uno de los bomberos...

– ¿Qué pasa?

– Que ese hombre se quiere tirar. –En el 12º piso había un muchacho de pie preparado para tirarse.

– ¿Puedo ayudar en algo? –No me hizo falta decir que era sacerdote, porque si no hubiera llevado sotana no hubiera podido ni atravesar el cordón que impedía el paso.

– No lo sé; hable con la policía.

La policía me dijo que debía ser el jefe de bomberos el que me diera la autorización.

– Voy a llamar arriba, a ver qué dicen –me dijo el jefe de bomberos–. «Aquí hay un párroco que pregunta si puede hacer algo...» (Un párroco, un cura, un sacerdote, ¡da lo mismo!)

– Dicen mis compañeros que suba y que ya verá usted si puede hacer algo o no.

Me acompañó un bombero y una psicóloga. Llegamos a la terraza pero era imposible llegar hasta donde estaba el chico, sino sólo por una escalera que estaba ocupada por los bomberos. No había contestado a nada ni a nadie de todos los que estaban en la terraza: cinco bomberos, tres policías y dos doctoras.

Una de ellas me dijo: «Qué pena, la policía americana al menos tiene psicólogos»; a lo que contesté: «Sí, pero no tiene curas».

Me acerqué por fin al muchacho y le dije: «Soy sacerdote, escúchame. No hagas eso. Dios te ama, hijo». Nada, ni palabra. Aunque me miró.

Quince minutos después pareció que iba a dejarse caer, pues solamente se aguantaba con las manos, y volví a intentarlo:

– Dios te va a ayudar desde el Cielo.

– ¡Dios no existe! –respondió.

La policía se alegró. Eran las primeras palabras que decía en mucho rato. Le pregunté si había hecho la Primera Comunión. Me dijo que sí. Me dijo también que estaba confirmado y que le confirmó un sacerdote, no el obispo.

Ya entablada la conversación le dije: «Ven aquí, hombre. Siéntate y seguimos charlando». Se alejó del precipicio y, ante el asombro de todos, bajó las escaleras donde estaban los bomberos por su propio pie y entró en el ascensor.

Me despedí de él. Quedamos para la semana siguiente. Le di gracias a Dios y me despedí de policías y bomberos, después de decirle a la doctora: «Se lo dije, en la policía americana no tienen sacerdotes».

64.   TU CUCHILLO NO SIRVE

Antonio Rivero Regidor, LC
San Pablo (Brasil)

Era una tarde de marzo, en Buenos Aires. Estaba en la parroquia confesando, pues era vicario parroquial.

En esto llegó un joven que quería hablar conmigo.

– Buenas tardes amigo, ¿cómo te llamas? ¿en qué puedo ayudarte?

– Padre, soy Juan y me quiero suicidar esta misma noche.

– ¿¡Por qué!? –le pregunté yo un poco asustado.

– Es que mi novia me ha dejado por otro, y esto no lo tolero, pues llevábamos más de tres años de novios.

– Bueno, bueno...

Yo no sabía qué decir y le pedí al Espíritu Santo que me iluminase y pusiese en mi boca las palabras justas para ayudar a este joven. Yo contaba sólo con esos momentos y tenía plena confianza en el toque de la gracia de Dios.

– Esta misma noche me mato, ¡ya está! –me dijo bien resuelto.

Y sacó un enorme cuchillo y lo puso sobre la mesa que allí estaba.

– ¡Dios mío, qué cacho cuchillo! –le dije yo. Déjame verlo...

Y comencé a dar vueltas al cuchillo. Le dije que le faltaba más filo, que seguro que no funcionaría pues estaba muy oxidado, que para que tuviera éxito y saliese en el periódico debía ser un cuchillo nuevo, bien afilado, y que definitivamente con ese cuchillo no tendría éxito... Y no sé qué más tonterías le dije, para hacer tiempo, desdramatizar el hecho y dar tiempo al Espíritu Santo para que entrara en el alma de Juan y le hiciese entrar en razón, pues realmente ahora reaccionaba desde sus sentimientos heridos.

– ¿Cómo que no va a funcionar este cuchillo? –preguntó enojado Juan.

– Que no, Juan, que no. Para suicidarse –dicen los psicólogos– son necesarias más cosas, muchas más cosas, que no es tan sencillo suicidarse, y sobre todo un cuchillo de calidad y nuevecito. ¿Tienes dinero para comprar uno nuevo?

Yo la verdad no sabía lo que le decía, pero notaba que él me escuchaba atento y abría los ojos asustado. Le di unas palmaditas en la espalda y le dije así.

– Mira, Juan, seguro que esa novia no era la novia que Dios tenía preparada para ti, pues te está buscando una mejor. Esa –sabe Dios cómo se llame– no te conviene, porque no supo valorar lo bueno que tú eres, lo excelente que tú eres. Ella, la pobre, está ciega. ¡Mejor así! ¿Es que acaso en todo Buenos Aires no habrá otra chica mejor, de tu altura y calidad? ¡Claro que sí! Venga, hombre, no seas tonto Juan... Ya quisiera yo tener tu edad. Lo que no haría de bueno por el mundo y por los hombres. Vamos, dame un fuerte abrazo y vamos al sagrario donde está Cristo Eucaristía, ¿lo conoces?, vamos a rezar para que encuentres cuanto antes la chica más hermosa de Buenos Aires y que Dios ya tiene en mente para ti.

– Bueno, bueno... ¿entonces usted cree que encontraré otra chica?

– Pues claro, amigo... No cualquier chica, sino una excelente chica con la que formarás una maravillosa familia con varios hijos y rebosarás de felicidad. Pero, ¡déjame aquí el cuchillo! ¿sí? Ya no lo vas a necesitar. ¡Está tan oxidado...!

– Gracias, padre, por sus consejos y su amistad. ¿Puedo seguir viniendo a hablar con usted?

– Por supuesto que sí, cuando quieras. Es más, te invito todos los domingos a la misa de jóvenes, a las 7.30 de la noche. Vendrás, ¿verdad?

Y así fue. Se fue tan contento, reconciliado con Dios, con la vida y consigo mismo. Yo me fui a la casa parroquial a tirar el cuchillo al cesto de la basura y a dar gracias a Dios por este momento de luz y de gracia. ¡Todo es gracia! –como decía George Bernanos–. «Todo es gracia, todo es gracia» –me iba repitiendo una y otra vez, mientras iba para la parroquia para celebrar la santa misa.

Sobra decir que ese chico no faltó nunca más a la misa. Y encontró una chica encantadora, y tuve la suerte de celebrar la boda por todo lo alto. Y, por lo que sé, siguen fieles y felices.

Gracias, Señor, por haberme hecho instrumento de tu gracia sanadora, restauradora, santificadora, iluminadora y consoladora.

VI. ESTUVE ENFERMO Y ME VISITASTEIS

¿Está enfermo alguno entre vosotros? Llame a los presbíteros de la Iglesia, que oren sobre él y le unjan con óleo en el nombre del Señor. Y la oración de la fe salvará al enfermo, y el Señor hará que se levante, y si hubiera cometido pecados, le serán perdonados.

(St 5,14-15)

En la antigüedad la enfermedad era vista casi siempre como una maldición. No pocas veces los enfermos eran abandonados a su propia suerte. Pero cuando Dios se hizo hombre, no sólo sanó a muchos y dio ese mismo poder a sus discípulos (cf. *Lc* 9,1-6), sino que quiso él mismo experimentar el dolor en su propia carne.

«La enfermedad y el sufrimiento se han contado siempre entre los problemas más graves que aquejan la vida humana. En la enfermedad, el hombre experimenta su impotencia, sus límites y su finitud. Toda enfermedad puede hacernos entrever la muerte. La enfermedad puede conducir a la angustia, al repliegue sobre sí mismo, a veces incluso a la desesperación y a la rebelión contra Dios. Puede también hacer a la persona más madura, ayudarla a discernir en su vida lo que no es esencial para volverse hacia lo que lo es. Con mucha frecuencia, la enfermedad empuja a una búsqueda de Dios, un retorno a Él». (*Catecismo de la Iglesia Católica* 1500)

Gran parte del ministerio de los sacerdotes se desarrolla en el acompañamiento de los enfermos y moribundos. La Iglesia acogió las palabras de Cristo «estuve enfermo y me visitasteis» (*Mt* 25,36) y las transformó poco a poco en hospitales y sanatorios, inventados por el cristianismo, y que hoy son parte indispensable de nuestras sociedades.

65. ESTÁBAMOS DESEANDO LLAMARLE

Jorge Loring, SJ
Cádiz (España)

En una ocasión un amigo me dijo: «Vaya a ver a Fulano que está grave».

Fui a ver al enfermo. Después de estar un rato con él y los familiares, dije: «Déjenme solo con él, que tenemos que echar un parrafito».

Al quedarnos solos me dice el enfermo: «Padre, qué alegría he sentido al verle entrar por esa puerta. Estaba deseando llamarle, pero no me atrevía para no asustar a mi familia».

Le confesé, y se quedó encantado. Al salir, en la puerta de la calle, me dijo la familia: «Padre, le agradecemos mucho que haya venido. Estábamos deseando llamarle, pero no nos atrevíamos para no asustar al enfermo».

Todos deseando llamar al sacerdote, y por un miedo absurdo un enfermo iba a morir sin confesión. ¡Qué absurdo no llamar al sacerdote para que el enfermo no se asuste! El susto se lo va a llevar si muere sin confesión.

El estar en gracia de Dios da al enfermo una paz y una tranquilidad maravillosa. El mayor bien que podemos hacer a un moribundo es llevarle un sacerdote que le confiese. Nadie en la vida le ha hecho un favor superior a éste.

66.   ¡YO NO VINE EN BALDE!

Sebastián Augusto Ovejero
San Rafael (Argentina)

Soy sacerdote desde hace apenas 5 años. Poco después de mi ordenación, estando yo enfermo, me tocaba el servicio sacerdotal nocturno. No tenía auto así que atendía a la gente en la parroquia.

A medianoche me llamaron diciendo que había una señora en el hospital, que había tenido un pre-infarto. Era una sobrina suya la que llamaba. Me abrigué y tomé un taxi. Cuando llegué la señora me recibió de mal modo. Decía que ella estaba muy bien y que no necesitaba nada. «Seguramente que le llamó una sobrina mía entrometida».

Le hablé de la importancia de la oración, de la confesión, de la unción, pero nada. Dura como una piedra. Entonces decidí irme, pues tenía que respetar su libertad. Tomé mi abrigo, me despedí y, cuando iba en el pasillo, pensé: «Estoy enfermo, gasté dinero en el taxi, hace frío y... ¿¡nada!?» Me di media vuelta, regresé a la habitación y le dije: «Mire señora la hora que es y cómo estoy enfermo. Para venir me gasté dinero en un taxi. Yo no me voy hasta que usted le pida perdón a Dios, se confiese y reciba la unción de los enfermos».

Entonces la señora comenzó a llorar, se tranquilizó y me reveló que hace años que quería volver a Dios, pero que su mal carácter no la dejaba. Luego se confesó, le di la unción, le impuse el escapulario y me fui contentísimo. ¡Cómo obra Dios! Hasta se valió de mi amor propio. Yo pensaba en mi salud y en el dinero que gasté, y así me hizo experimentar las maravillas de su misericordia. ¡Bendito sea Dios!

67. PRECIOSA MUERTE

José Pablo de Jesús Tamayo Rodríguez
San José (Costa Rica)

Siendo Capellán de un Hospital en San José de Costa Rica, un día en que visitaba las diferentes salas, sentí el impulso del Señor para desviarme de mi itinerario normal y dirigirme a la sala de recuperación. Y, entrando, la enfermera de turno me dijo: «¡Qué bueno que viene, padre! Ese señor acaba de ingresar y tal vez quiera conversar con usted».

Me acerqué al paciente, le ofrecí los Sacramentos y me dijo: «Padre, yo soy de comunión diaria; no siento necesidad de confesarme ahora, pero sí le agradecería si me da la Sagrada Comunión y la Unción de los Enfermos».

Le administré el Santo Viático y, luego de ungirle en la frente, le sobrevino un paro cardíaco. Y en esa situación, reflejando un gozo enorme en el rostro, se sentó en la camilla, extendió los brazos como para recibir a alguien que se acerca y, mientras estaba así, terminé las unciones en las manos, ya rodeado de los médicos que le atendían. Entonces entregó su vida al Señor.

«¡Preciosa muerte!» exclamaron la enfermera y los médicos. Sí, precioso ingreso a la vida eterna, a través de los sacramentos de la Eucaristía y la Unción de los Enfermos, que dan no sólo una salud pasajera, sino la salud eterna.

68. JUSTO A TIEMPO

Antonio José Briceño Medina
Caracas (Venezuela)

Siendo Capellán interino del Hospital Universitario de Caracas, al entrar en la unidad de cuidados intensivos, se encontraba un paciente en la única cama ocupada de dicha sala, rodeado de médicos y enfermeras, practicándole un masaje al corazón, porque se le había detenido. Era un hombre de unos 30 años.

Una doctora al verme entrar comentó: «Padre, llegó tarde; el paciente está en paro cardíaco y ya no hay más tiempo». Yo me acerqué rápidamente y le dije que todavía le podía dar la unción, lo cual hice enseguida en la cabeza del paciente.

La invité a rezar un Padrenuestro y, en ese momento, al mirar el monitor, empezó a dar señal de vida nuevamente. Los masajes se los siguieron dando mientras yo le administraba la santa unción. La sorpresa fue mayúscula para todos los que estábamos allí, y yo me quedé conmovido ante esa manifestación tan clara de la intervención divina junto a la ayuda profesional de los médicos.

Al poco tiempo, me crucé con una enfermera del hospital que me comentó: «Padre, el paciente que usted resucitó ya fue dado de alta del Hospital».

69. SU ALMA ME OYÓ

Carlos García Malo de Molina Ferrer
Madrid (España)

Me fue solicitado atender a un anciano moribundo, casi consumido, y administrarle la unción de los enfermos. Al llegar a la casa invité a la familia a unirse conmigo en oración por el enfermo. Y al comenzar la plegaria en voz alta, una de las hijas me dice: «Padre, no le puede oír, es inútil». Yo continué orando y al pronunciar su nombre el enfermo abrió los ojos, con gran alboroto de los hijos, y me miró fijamente hasta el final.

Al concluir el rezo, encomendando su alma a la Santísima Virgen, con el Avemaría cerró los ojos y murió tranquilamente.

Una semana después me enteré que aquel hombre era sordo. Pienso que, aunque físicamente no podía oír, su alma comprendió la oración que estábamos haciendo por él y abrió los ojos, dándonos a entender que aceptaba la misericordiosa providencia de Dios. Fue muy hermoso.

70. MUCHACHO, LEVÁNTATE

Ignacio María Dodds
San Isidro (Argentina)

El día 18 de septiembre de 1999 mi sobrino sufrió un accidente automovilístico. Inmediatamente fue internado en terapia intensiva, inconsciente, debido a un golpe muy fuerte en la cabeza, pues no le funcionó el cinturón de seguridad. Le administraron respiración asistida y dos días después los médicos decidieron que le desconectarían el respirador artificial, porque ya no presentaba signos vitales.

Salimos con mi hermano y mi cuñada para hablar sobre la misa y el entierro. Volví a la parroquia y a la mañana siguiente desperté temprano, con la mente centrada en el Evangelio, en el pasaje donde el Señor vio que la hemorroísa quedó curada con sólo tocar su manto, y luego se dirigió a «despertar» a la hija de Jairo (*Mt* 9,18-26).

Sin una conciencia clara, me dirigí al sagrario, coloqué el Santísimo Sacramento en una teca y me lo llevé a la clínica. Me encontré con mi hermano y le dije: «Ven, que tu hijo se cura». Entramos en la sala de terapia intensiva, siempre con la imagen evangélica fuertemente presente en mi mente y en mi corazón; coloqué al Señor Eucarístico sobre el pecho de mi sobrino, le impuse las manos y al instante abrió los ojos e hizo señas de querer hablar. Ante la inmediata presencia de los médicos, volví a colocar el Santísimo Sacramento en la teca y, sin mediar palabra, volví a la parroquia para reservar la Eucaristía en el sagrario. Ahí tomé conciencia de lo que había ocurrido y me apresuré a volver a la clínica. Encontré a mi sobrino sin el respirador.

El culmen de este milagro eucarístico es que, después de estudiar filosofía, mi sobrino ingresó al seminario diocesano, y el próximo año será ordenado sacerdote.

71. NO CAMBIES LA VOLUNTAD DE DIOS

Gabriel Monte
Rosario (Argentina)

Esto me ocurrió el sábado 4 de agosto de 2007. Por ese entonces yo era vicario de la Catedral de Rosario (Argentina). Esa mañana tenía que afinar la homilía, ver algunos asuntos de un retiro para jóvenes y de unas clases en la facultad que empezaba a dar esa semana. Tenía todo bien planeado.

A eso de las 10 me llama por teléfono un abogado, diciéndome que tenía un tío muy grave en el hospital, a más de 7 kilómetros de la iglesia; que no había conseguido cura y que si yo podía ir a darle la unción.

Confieso que lo primero que me vino a la cabeza era que se me venían abajo mis planes. Además, para tranquilizar mi conciencia pensé: «No es nuestra jurisdicción». Cuando estaba por decirle que no, me fijé en la pantalla de mi computadora. Había llegado la «*passaparola*» de ese día. *Passaparola* es una frase espiritual que envía cada día el movimiento de los focolares. La frase decía: «No cambies la voluntad de Dios del momento presente». Me dije entonces: «Esto es lo que te pide Dios en este preciso momento». Entonces le contesté que sí.

Al poco tiempo me vinieron a buscar en auto y me llevaron al hospital. En cuanto entré al pasillo una mujer se levantó como un resorte llorando y gritando: era la hija del enfermo que iba a ver. Fuimos corriendo. Alcancé a mojar mi dedo en el óleo de los enfermos y ungirlo en la frente, haciendo sólo la oración indispensable, de memoria. En ese preciso momento murió.

Me corrió un escalofrío por todo el cuerpo. Nunca había visto morir a una persona...

Ahí comprendí el valor del «momento presente» en que tanto insisten las *passaparola*.

Y es que no tenemos más que el momento presente para hacer lo que Dios nos pide: el pasado fue, y el futuro será. Sólo «ES» el momento presente.

Agradecí a Dios haber recibido la *passaparola* de ese día. ¿Qué hubiera sido de mí si no iba? ¿Qué habría sido del alma de ese enfermo?

72.   ¿POR QUÉ NO SE VA?

Carlos Marín
Bogotá (Colombia)

Fungiendo como Capellán de la clínica Santa fe, en Bogotá, fui llamado a auxiliar a un enfermo terminal. Nadie me advirtió que este hombre no era creyente. Entré a su cuarto, lo saludé. Al verme me preguntó: «¿Usted es cura?» Le respondí: «Sí señor». «Entonces váyase porque yo no creo en curas» –me dijo.

Guardé silencio y no me moví. Permanecí de pie junto a él. Abrió los ojos y me preguntó: «¿Por qué no se va?» Mi respuesta, sin pensarla, fue esta: «Mire amigo, en mi larga vida de sacerdote he visto morir a muchos santos, pero nunca he visto morir a un ateo. Por eso me quedo al pie de su cama, para verlo morir».

El enfermo guardó silencio unos minutos, abrió los ojos, me miró y me dijo: «Siéntese, pues, y hablemos». La confesión duró dos horas. Al amanecer del día siguiente murió. En ese momento sentí muy profundamente la acción del Espíritu Santo.

73.   ROSAS DEL TEPEYAC

Rufino María Grández Lecumberri, OFMCap
Puebla (México)

Fue el 12 de diciembre de 2008. Cuando crucé la puerta de aquel hospital de la Seguridad Social –570 camas– pensé que la misa, que pidieron para la fiesta de la Virgen de Guadalupe, sería en una sala o en una galería, para enfermeras, médicos y algunos pacientes. Pues no. El ascensor me condujo al sótano, donde había ruido de motores, carros con bolsas de lavandería. En un almacén, decorosamente dispuesto, celebramos la Eucaristía participada por un grupo de hombres y mujeres, trabajadores del hospital. ¡Qué misa más sabrosa, cantándole a la Virgen «Las Mañanitas»! Hubo gritos de júbilo para felicitarla, y cantamos «La Guadalupana».

Recogí las hostias consagradas que habían sobrado y las llevaba, reverentemente, en el pectoral de mi hábito. Dios mío, ¿será posible que me vaya del hospital sin confesar a un enfermo, sin darle los sacramentos a quien los necesita?

Cuando ya iba a salir a la calle, una mujer me cortó el paso:

– ¡Padre, vaya donde mi sobrina, por favor!

Fui a darle la absolución, llevando también el Santísimo. Pero, al parecer, la sorpresa de Dios era otra. Porque un hombre estaba en el pasillo cuando iba a entrar a ver a aquella joven enferma.

– ¡Padre, Padre! –me dijo con voz suplicante, como si yo fuera Jesús Nazareno.

– Dígame.

159

– Mire, yo no estoy casado, y la mujer con quien vivo está muriendo. ¡Queremos casarnos por la Iglesia!

– ¡Qué bien! Con buena voluntad todo es posible.

La enferma, de unos cuarenta años, estaba invadida por el cáncer. Comenzamos a hablar, con íntimo gozo, de sus excelentes intenciones; en voz baja, en una sala de seis camas. Ya había sido visitada, hacía poco tiempo, por otro sacerdote.

Le di la absolución y le administré el Sacramento de la Unción de los Enfermos.

– ¿Y no quisiera recibir la Sagrada Comunión?

– Padre, no puedo, no estoy casada.

– Pero usted quiere casarse y esta tarde vamos a celebrar el matrimonio.

– Sí, es verdad.

– Pues entonces reciba al Señor.

Porque yo me decía: «¿Y llegará hasta la tarde…?»

Volví a casa. Teléfono aquí y allá –a la Curia y a su Parroquia, en un pueblo lejano– para proceder según derecho. El Párroco no estaba y le dejé un aviso. Me decidí a volver por la tarde, y celebrar el sacramento nupcial.

Volví para celebrar el matrimonio, concertado para las 4 de la tarde. Ya había padrinos, flores y «lazo» matrimonial. Un último intento para ver si hablábamos con el párroco. Gracias a Dios, estaba.

Les tomé por separado el juramento de que no había impedimento canónico para este matrimonio y comenzamos la boda. El altar: una cama, que podía recordarnos el Calvario; el vestido de novia: esa bata verde que llevan las enfermas. Pero le pusieron un velo blanco en su cabecita sin pelo y una diadema, y luego el «lazo» al cuello de los esposos. Allí estaba el padrino con los anillos y algún otro signo espiritual. Reinaba la alegría en esta catedral tan singular. Una enfermera, a unos metros, contemplaba la escena entre admirada y atónita.

Pronunciaron los esposos las palabras sagradas.

Bajó el Espíritu Santo y todos nos llenamos de íntima satisfacción.

Terminó la boda. No pude festejarla, porque tenía que correr para celebrar de nuevo en una fábrica de persianas. Era la Virgen de Guadalupe, y la Virgen iba repartiendo rosas del Tepeyac.

Al día siguiente tomé el teléfono:

– ¿Qué tal va la enferma...?

– Padre, ha fallecido a las 11. La llevan al pueblo para el funeral.

Y yo, saboreando el triunfo de Jesús, dije:

– ¡Dale, Señor, la paz eterna! ¡Susana, ruega por mí!

74. APRENDIENDO A SER SACERDOTE

Delton Alves de Oliveira Filho

Uruaçu (Brasil)

Al inicio de mi vida sacerdotal fui llamado a un hospital para visitar a una joven madre que había dado a luz el día anterior. Entusiasmado, me preparé también para visitar a otros enfermos. Después de bendecir a la madre y al hijo recién nacido comencé a visitar a otras personas. Una joven se acercó a mí y me pidió que fuera a decirle algunas palabras a su madre. «El médico dice que ya hizo por ella todo lo que pudo», afirmó la joven. Se trataba de una enferma con cáncer terminal. Nunca imaginé que mi encuentro con aquella mujer sería para mí una de las lecciones más importantes de mi vida.

«¡Su bendición, padre!» Así me dijo aquella señora, con los ojos hundidos, piel pálida y de rostro maltrecho por la enfermedad. Siempre me ha impactado el cáncer; este mal corroe a la persona de dentro hacia afuera, y su tratamiento clínico hace lo mismo de afuera hacia dentro. Pensaba que el Señor me había conducido allí para dar palabras de consuelo a un alma. Luego de la confesión, durante la unción de los enfermos noté que su rostro se llenaba de lágrimas.

También me impresionó ver en mis manos las manos de Jesús consolando a una persona antes de de partir de este mundo. Antes de salir y llamar nuevamente a los familiares, le dije: «¡Hoy el Señor Jesús la vino a visitar; agradézcale y no se quede triste!» «Me considero una cancerosa muy feliz, padre» –ella respondió–. Quedé muy impresionado con esa respuesta y al notar mi sorpresa ella añadió:

«Nunca fui tan feliz como después del cáncer. Sufrí 37 años un matrimonio marcado por las traiciones y el alcoholismo; mi marido era un hombre derrotado por el vicio. Oraba mucho pidiéndole al Señor que lo librara de aquella vida. Después de descubrir esta enfermedad noté que mi marido quedó tan golpeado que algo cambió dentro de él. Hace unos días él me pidió perdón por todo el dolor que me causó, pero ya desde hace tiempo he notado que mi enfermedad curó la de él. ¡Mi matrimonio se salvó!

»Aquella joven que le fue a buscar, padre, era una chica perturbada por una depresión terrible. Vivía encerrada en su cuarto, no salía ni para comer, e incluso varias veces intentó suicidarse. ¡Cuántas veces lloré, con el rosario en la mano, implorando un milagro para esta hija! ¡El milagro sucedió! Tras haber comenzado el tratamiento del cáncer esta hija mía se recuperó inmediatamente y pasó a acompañarme de un análisis a otro, de hospital en hospital. Cuando me sentía abatida era ella la que me hacía sonreír con historias alegres y con el testimonio de su amor.

»Finalmente mi hijo, el más grande, casado desde hace 15 años, estaba a punto de separarse. Él, en crisis de fe, quería abandonar la Iglesia Católica y su esposa no estaba de acuerdo. Yo quedé deshecha, porque a pesar de haber sufrido tanto con mi esposo nuca acepté la idea de la separación para mí. Para respetar el espacio de mi hijo y su esposa, yo me quedé callada y oré. Lo que mis palabras no dijeron, lo dijo mi cáncer. Hace ya tres meses que están bien, me vienen a visitar todos los días, juntos rezamos el rosario y mi hijo renovó su fe y su respeto por la Iglesia. Padre, ¡el cáncer vino a la hora exacta, a la hora de salvar a mi familia! Puedo morir en paz, por la bendición que el Señor me ha dado con los sacramentos y por la alegría de ver a mi familia salvada por Dios, a través de mis sufrimientos».

A pesar de todos los estudios del seminario y de la unción sacerdotal, Dios se valió de una moribunda para enseñarme un poco más lo que significa ser sacerdote. Después de casi 10 años de sacerdocio todavía me acuerdo de las palabras llenas de sabiduría que escuché de aquella señora que el Señor llamó a la eternidad.

75. EL CUERPO DE CRISTO

André Gagnon, SJ
Montreal (Canadá)

En una parroquia donde iba a celebrar la Eucaristía semanal, al poco tiempo de llegar a África, conocí a una pareja y a su hijo, Jean Joseph, que cambiaría mi vida.

El marido era catequista. Su joven esposa estaba embarazada. Esperaban su primer hijo con gran gozo. El viernes llegué para celebrar la misa cuando supe que ella acababa de dar a luz. Comencé a celebrar cada semana la misa con Jean Joseph, sus padres y unos cristianos de aquel pobre barrio africano. Muy pronto los padres llamaron a esta misa la «Eucaristía del niño».

Después de un año y medio nos dimos cuenta de que el niño tenía una enfermedad mental que le hacía parecer un muñeco de trapo. Jean-Joseph no reaccionaba a la voz de su madre, ni tampoco veía la cara de su padre. Sus padres se fueron alejando gradualmente de él. Por primera vez me encontraba ante una situación de rechazo por parte de los padres hacia su hijo. Comencé a experimentar tristeza e impotencia. El impacto y la desesperación habían sido demasiado grandes como para que ellos pudiesen aceptar la discapacidad de su hijo. En una sociedad en que la discapacidad es considerada como un castigo de Dios y fácilmente se abandona a estas personas, dejándolas morir de hambre, yo sentí un deber de pastor ante esta enorme injusticia.

Para ayudar a los padres a aceptar a su hijo, siempre lo tomaba en brazos durante la misa, para presentarlo al Señor, pidiendo que él ayude a sus padres a acogerlo. En cada Eucaristía yo ofrecía junto al pan y al vino este cuerpo herido, agotado e impedido, para que se convirtieran en el Cuerpo vivo que da la vida.

Un miércoles por la tarde, el niño se sentía muy mal y fui llamado para celebrar la eucaristía. Parecía que iba a morir, que estaba muy débil. Había perdido peso por el calor y la enfermedad. Estaba al final de su vida. Yo celebré la «misa del niño» con sus padres y algunos vecinos. Como de costumbre, tomé al niño en mis brazos, en la que iba a ser su última misa. En el momento del Padrenuestro, con su padre y su madre, que ya habían aceptado a su hijo, recitamos la oración de Jesús. Cuando dijimos «danos hoy nuestro pan de cada día» el niño abrió débilmente los ojos, nos miró y los cerró de nuevo, para ver por fin a Dios. Así se despidió de sus padres, durante la Eucaristía en la que había participado durante 18 meses.

Este niño es el símbolo de mi sacerdocio. Él y yo llegamos a África al mismo tiempo. Gracias a su nacimiento yo pude elegir vivir mi sacerdocio con los pobres y para los pobres. Jean Joseph es el cuerpo de Jesús sufriente. Un cuerpo herido que Dios usó para decirme que yo soy pobre, débil y miserable frente a la pobreza del mundo, y al mismo tiempo, que la potencia y el misterio de la Eucaristía y del sacerdocio pueden cambiar el mundo. Hoy, cuando voy a celebrar la Eucaristía, veo de nuevo a Jean Joseph. Y me dejo invadir por la fuerza del cuerpo de Cristo, ofrecido para salvar al mundo.

76. EL PODER DE LA ORACIÓN

John Edward Abberton
Leeds (Reino Unido)

En aquel entonces yo tenía menos de diez años como sacerdote. Me nombraron vicario en una parroquia donde había un hospital para enfermos terminales. Yo acostumbraba visitar este hospital como capellán.

Me pidieron ir a ver a un hombre que estaba muriendo. Tenía cáncer en la garganta. Era incapaz de hablar. Le pregunté si deseaba confesarse, recibir la Unción de los enfermos y recibir la Sagrada Comunión. Él, moviendo su cabeza, lo rechazó. Estaba firme en su decisión. Con fe me arriesgué y le dije a la enfermera, mientras yo salía del hospicio: «Dejo los santos óleos aquí con usted, porque volveré para ungirlo». Después regresé a la casa parroquial y fui a mi habitación.

Llamé por teléfono a un amiga –una mujer muy fervorosa– y le conté sobre este hombre y que iba a rezar por él ante el crucifijo. Ella me dijo que también rezaría. Me arrodillé frente al crucifijo y recé los misterios dolorosos del Rosario, recordándole a Jesús que Él había muerto por este hombre. Recé lo mejor que pude. Después de la oración volví al hospicio y pregunté al hombre si deseaba recibir los sacramentos. Esta vez asintió. Le di la absolución, le ungí y le di la Sagrada Comunión. Él murió al día siguiente. Olvidé contárselo a mi amiga, pero cuando le llamé de nuevo ella me dijo que había estado rezando por aquel hombre mientras lavaba los platos. De repente se sintió impulsada a arrodillarse en la cocina y rezar ante la Cruz. Ella continuó rezando durante el día, pero en un cierto momento tuvo la impresión de que se le decía que ya todo estaba arreglado. Por eso ella no se sorprendió de escuchar que el hombre ya hubiera muerto.

77.   LOS LIBROS SON MI PÚLPITO

Hedwig Placid Lewis, SJ
Ahmedabad, India

La comunicación a través de los medios escritos es un apostolado muy importante. Me entusiasmó mucho leer cuánto impactaban a miles de europeos las cartas que enviaba San Francisco Javier desde la India, influyendo en sus actitudes hacia las misiones e inspirando a muchos a abrazar la vocación misionera.

En nuestro mundo tecnológico la industria editorial sigue siendo un medio significativo de información e inspiración. Periódicos, revistas y libros penetran en las casas y en los corazones de las personas, y tocan la vida de jóvenes y adultos.

Convencido del poder de los medios impresos comencé a desarrollar habilidades en el arte de escribir durante mi formación para el sacerdocio. Nunca sospeché entonces que la providencia me estaba preparando para una gran misión que jamás hubiera soñado.

Después de mi ordenación sacerdotal en 1977 fui nombrado profesor en una universidad. La escritura se convirtió en mi hobby favorito. Dado el poco tiempo que yo tenía para mis aficiones, logré publicar solamente un par de libros de valores en dos décadas.

Mi ministerio sufrió una brusca interrupción en 1995. Tres meses después de una cirugía a corazón abierto, un coágulo en el cerebro causó un descontrol en los movimientos de la parte superior de mi cuerpo, distonía facial y espasmos en los ojos. Era realmente difícil leer, hablar o usar mis manos para escribir o teclear. Tuve que renunciar a la universidad y abandonar todas las actividades.

Me llevó todo un año adaptarme a mi discapacidad. Entonces vi como un reto el poder continuar mi misión sacerdotal convirtiendo mi hobby en un apostolado a tiempo completo. Lento pero seguro volví a la computadora. Con una sola mano –porque mi mano izquierda debe sostener mi cabeza– comencé mi nuevo trabajo. Experimenté una gran frescura como autor y me convertí en un instrumento eficaz en las manos de Dios como sacerdote. Los libros se hicieron mis púlpitos.

Los movimientos incontrolables de mi cabeza y de mis manos hacían la lectura y la escritura extremadamente difíciles. Pero mi pasión por la vida me ha hecho capaz de producir 25 libros, incluyendo manuales de oraciones y numerosos artículos. Los libros han sido traducidos a muchos idiomas y se venden en varios países. Siento cómo me guía la providencia, incluso con pequeños empujones cuando el camino se hace difícil. El mayor incentivo de mi actual ministerio sacerdotal es la gran cantidad de respuestas que recibo de los lectores, que me inspira y me alienta enormemente.

Una abogada de Puerto Rico dirige un grupo de oración en su parroquia una vez por semana para hacer el «retiro en la vida diaria», como se explica en uno de los manuales de oraciones que escribí. Recientemente me escribió: «Yo soy testigo de la gran cantidad de almas que usted ha tocado con tus escritos, incluso en lugares tan lejanos como esta isla tropical del Caribe. Ya no vemos nuestras vidas como antes; ha habido un gran milagro en nosotros».

Una señora de la India escribió: «Soy una mujer hindú que vive una vida centrada en Dios. He leído casi todos sus libros y creo que son fantásticos. Mi familia perdió a seis miembros en quince meses y estamos tratando de recuperarnos de la depresión. Su libro sobre breves biografías de personas valerosas nos ha ayudado mucho».

Un seminarista respondió: «Usted es un modelo para nosotros, seminaristas, que queremos llegar a ser escritores».

Mi oración constante es que mi corazón se purifique tanto en el crisol del sufrimiento que pueda ver a Dios cada vez más de cerca, y que a través de la Eucaristía diaria yo continúe enriqueciéndome de Cristo, de modo que la Palabra de Dios mezclada con mis palabras encienda el fuego del amor de Dios en la tierra.

78. ÉL CUMPLE SUS PROMESAS

Sergio Héctor Casas-Silva
Santa Fe (Argentina)

Hace unos 18 años me encontraba en un autobús y de pronto, delante de nosotros, hubo un accidente automovilístico del cual quedó como víctima una señora de poco más de 60 años. Yacía moribunda y sangrando abundantemente por el golpe sufrido en su cuerpo y su cabeza.

Salí inmediatamente para asistir a la señora. Le sumunistré los últimos sacramentos. Al terminar vi pendiente de su cuello una medalla del Sagrado Corazón de Jesús, y recordé la gran promesa hecha a Santa Margarita María de Alacoque: «Yo te prometo, en la excesiva misericordia de mi Corazón, que mi amor omnipotente concederá a todos los que comulguen nueve primeros viernes de mes seguidos, la gracia de la penitencia final: no morirán en desgracia mía, ni sin recibir los sacramentos, y mi Corazón divino será su refugio en aquél último momento».

Todo esto dejó una profunda huella en mi alma. Creo que este es un caso más que muestra la infalibilidad de aquella promesa del amor exquisito del Corazón de Nuestro Señor.

VII. Historias de Amor

Quien no ama no ha conocido a Dios,
porque Dios es Amor.

(1Jn 4,8)

«Dios te ama». Frase tan verdadera como trillada e insuficiente. No pocos necesitan escucharla, pero muchos más necesitan experimentarla. Porque el amor de Dios no se manifiesta sólo en que nos ha dado la existencia, la salud o el alimento –que no es poca cosa–. No, eso no basta al hombre, porque también es espíritu.

«En esto hemos conocido lo que es el amor: en que él dio su vida por nosotros. También nosotros debemos dar la vida por los hermanos» (*1Jn* 3,16).

El hombre necesita un amor personal, que lo escuche, que lo acepte, que ría y llore con él. Y esta es una de las principales funciones de los «embajadores de Dios». El Señor quiere amar a través de sus sacerdotes. En palabras del Santo Cura de Ars: «El sacerdote es el amor del Corazón de Jesucristo».

79.   MI MAYOR EXORCISMO

José Antônio Pires de Almeida, OMI
Itapira (Brasil)

Era vicario en las afueras de Sao Paulo, una de las ciudades más grandes de América Latina. Un lugar de pobreza, abandono y violencia.

Cerca de la casa parroquial había una familia con tres hijos. Vivían en una barraca horrible. La mujer tenía ataques repentinos de violencia y peleaba con todos los vecinos.

Un día, en una de esas peleas, llamaron a la policía. Uno de los gendarmes, sin saber qué hacer, vino a la rectoría y me dijo que tenía un caso de posesión; que requiere un exorcismo y que si yo podría hacerlo. Le pedí que trajera a la mujer a mi casa.

La recibí suavemente y con amor. La senté en un sillón cómodo; le pasé un paño húmedo y caliente en la frente, le di una taza de té y le pedí que descansara, que estirara las piernas y cerrara los ojos. En silencio me dirigí a la cocina para preparar un caldo de pollo y algunas verduras, y dejé a la mujer en paz.

Una vez que se tranquilizó hablamos mucho, y la motivé a hablar de su vida, de su historia, de sus dolores. Ella abrió su corazón. Su marido era un albañil alcohólico.

Luego, tranquilamente la llevé a la cocina, la puse a la mesa y le serví sopa con cariño, en un gesto de paternidad-maternidad, tomando yo mismo sopa con ella, compartiendo el pan y la vida. La mujer se iba reponiendo y se sentía cada vez más cómoda.

Por último, la invité a rezar un poco. Fuimos a la iglesia, que estaba junto a la casa parroquial, y rezamos oraciones básicas del cristiano como el Padrenuestro y el Avemaría. Le di una bendición especial y pedí a Dios por su recuperación.

Por último la llevé a su casa, y durante el camino aproveché para invitarla a participar en las celebraciones de la iglesia. También le pedí que fuera al menos una vez al mes para hablar conmigo. Por último, pedí a la gente que orara por ella y por su familia.

Todos en el barrio comenzaron rumorear que yo le había hecho un exorcismo, que yo expulsé los demonios de esta mujer, y comentaban que ahora estaba tranquila, bajo control y que empezó a asistir a la iglesia. He narrado este «exorcismo» a algunas personas cercanas: una acogida de mente y corazón abiertos, con mucho amor y cariño, viendo en aquella mujer sufriente la mismísima persona de Jesucristo.

Me acordé de las palabras de San Pablo: «El amor es paciente, es servicial... todo lo excusa, todo lo cree, todo lo espera, todo lo soporta». (*1Cor* 13: 4-7). En este episodio tuve una demostración concreta de la poderosa fuerza del amor cristiano y de cómo hace milagros.

80.   SI QUIERES, PUEDES LIMPIARME

Julio Argentino Ferreyra

San Francisco (Argentina)

En 1998 estuve unos meses en un Santuario Nacional. Mi tarea era celebrar la misa a las tres de la tarde y escuchar confesiones.

Un domingo de mucho calor, era el Día del Santuario y por eso había mucha gente, se acerca un joven sucio, muy delgado, con manchas en la cara. Me preguntó: «¿Me va a atender en confesión? ¿No me tiene asco? Hace ya mucho tiempo que nadie habla conmigo. ¿Sabe? tengo sida y muy pocos días de vida, según los médicos».

Mi primera reacción, lo confieso con vergüenza, fue de asco y rechazo, pero el Señor y la Virgen me dieron coraje. «Sí –le dije–, acércate hermano». Me contó de dónde venía y me dijo: «Quiero confesarme, porque tengo poco tiempo».

¡Qué confesión! Al final me dice: «Estoy en paz. ¿Cuál es su nombre, padre?» «Julio» –le dije–. «Lo voy a recordar siempre. Usted me hizo encontrar con Jesús. ¿Le puedo dar un beso?» Dudé un poco pero le dije: «Sí, hermano».

Qué alegría para él. Seguramente ya está en el Cielo. Y para mí qué emoción poder abrir las Puertas del Cielo a un hermano en nombre de Jesús.

81. UN HALLAZGO ENTRE EL LODO

José María Seas Chinchilla
Verapaz (Guatemala)

Los autos se disparaban velozmente sobre la autopista. Llovía a cántaros. El día se iba apagando. También yo estaba metido en ese torbellino vehicular. Iba de prisa deseando, igual que todos, llegar al calorcito del hogar.

Sin dejar de ver el camino, noté un movimiento extraño sobre una ladera cubierta de hierba. Me pareció ver, pero no estaba seguro, una persona que se arrastraba, bajo la tormenta, como un gusano sobre el lodo. Seguí conduciendo sin darle importancia, pero la conciencia me punzó fuertemente, o... ¿la curiosidad?

Estacioné como pude y bajé con el paraguas. La lluvia arreciaba. Crucé la autopista cuando me fue posible. A lo lejos vi el bulto tendido sobre la hierba. Me acerqué nerviosamente. No podía creerlo. Era una viejecita totalmente cubierta de trapos sucios y empapada por la lluvia. No lograba levantarse. Sólo se arrastraba. Como pude, me lancé a la calle pidiendo ayuda. Nadie quería detenerse ni comprometerse. Claro, en estos tiempos hay cada maleante... además, afuera hacía mucho frío.

Por fin se bajaron unos señores y me ayudaron a levantarla y conducirla a mi vehículo. La llevé a la casa salesiana. Las religiosas se encargaron de atenderla. Le ofrecieron ropa limpia, comida caliente, cobija, casa y, sobre todo, verdadero amor.

Permaneció allí varios días mientras se averiguaba su procedencia, condición mental, parientes, hogar, etc. Se supo que pertenecía a un asilo de ancianos y que, desorientada, había abandonado el hogar.

82.   COMPADECIDO DE ÉL, EXTENDIÓ SU MANO Y LE TOCÓ

Gerardo Díaz Molina
Medellín (Colombia)

Hace ya 9 años, cuando cumplí mi primer lustro de vida sacerdotal, estaba celebrando la Eucaristía en el santuario de María Auxiliadora, en Medellín. Frente a mí había un hombre pobre, muy descuidado y sucio. Terminada la celebración se acercó a mí y me dijo: «Padre, ¿me atiende?» La verdad es que me sorprendió. Le dije: «Sí, hombre, ve a aquel confesionario y ahora te atiendo».

Pasaron unos minutos y el pobre hombre aún me esperaba. Me dirigí al lugar, me senté y él se arrodilló ante mí. Toqué sus hombros y la sensación fue muy desagradable para mí. Su camisa estaba muy grasosa por la suciedad. Él me miró sorprendido y le pregunté: «¿Te pasa algo?» Me respondió: «Padre, hace mucho tiempo que nadie me tocaba».

Le atendí en el sacramento de la penitencia, puse mis manos sobre su cabeza y le di la absolución. Lloraba y me miraba con asombro. Luego le dije: «Que Dios te bendiga. Quisiera tener algo más para ayudarte, pero sólo tengo un tiquete para el metro, y esto para nada te servirá». El respondió: «No padre, no hace falta nada más. Usted me ha bendecido, esta ha sido la experiencia más poderosa de mi vida».

Descubrí que no puedo despreciar a mis hermanos por el vestir. Descubrí lo grande y maravilloso que es acoger a una persona y, en especial a los pobres. Pero lo más grande que descubrí fue que la gente, más que lo material, lo que necesita es la gracia. Fue aquello tan poderoso que cuando este hombre recibió la absolución y la respectiva bendición, aunque sus vestidos eran oscuros, su rostro se iluminó, con la belleza de la gracia.

83. TOCANDO EL CUERPO DE CRISTO

Richard Mark Figliozzi
Nueva York (Estados Unidos)

Cada año voy como voluntario a Jamaica, con los Misioneros de los Pobres. Allí los hermanos se dedican a cuidar a los indigentes de los suburbios. Esto incluye el cuidado de las personas con sida. Un año me pidieron que trabajara con los hermanos atendiendo a los moribundos. En concreto me pidieron que desvistiera a un hombre con ropa muy sucia de orina y heces de la noche anterior, y que lo llevara a la ducha –hecha de bloques de cemento y piso de concreto.

Empecé a rezar intensamente mientras me preguntaba cómo iba a ser capaz de hacerlo, considerando el olor, la naturaleza de la enfermedad y el estado de esta persona. Cuando comencé a bañarlo con agua y lavarlo con jabón le pregunté su nombre. Una vez que él me respondió y comenzó a hablar conmigo, me di cuenta de que no era un objeto del cual quería evitar el contacto; más bien era una persona –la persona de Cristo en su «disfraz angustioso», como la Madre Teresa solía decir.

Después de bañarlo y ponerle ropas limpias, lo llevé en silla de ruedas a un patio con los demás residentes. Oyó a los hermanos referirse a mí como «Padre», y preguntó si yo era un sacerdote. Cuando le contesté que sí me dijo: «Quiero que sepa el enorme privilegio que ha sido para mí el ser lavado por las manos de un sacerdote católico». Nunca podré olvidar estas palabras. Me di cuenta de que él me había dado mucho más que todo lo que yo podía ofrecerle.

84.   COMO SAN JUAN

José Francisco Linares Solomando
Madrid (España)

Era el día de Navidad. Terminé de celebrar la misa y llevé la comunión a los enfermos, ya con prisas porque debía ir a cenar con una familia amiga que me había invitado. De los tres enfermos, el último no estaba en casa y, con un poco de retraso, fui rápidamente a la cena con aquella familia. Pasamos una tarde muy amena y en buena armonía cristiana.

En un determinado momento uno de los presentes me pidió salir a dar un paseo, porque además estaba pasando una mala temporada. Me contó su vida y, de repente, se derrumbó moralmente... Automáticamente apoyó su cabeza en mi pecho y comenzó a llorar.

En ese momento me di cuenta de que puso su cabeza sobre el portaviáticos que yo llevaba, pues por las prisas yo había olvidado reservar la última forma que sobró y, por lo tanto, Cristo se encontraba ahí. ¡Mi amigo estaba llorando sobre Jesús Eucaristía!

Fue emocionante. Cuando se lo dije no lo podía creer. Así terminó él ese día de Navidad: comulgando a Jesús donde había echado sus lágrimas y penas.

85.   REALMENTE ERES SACERDOTE

Domingo Torres Vallejos
Chimbote (Perú)

Mi obispo, dada la necesidad de sacerdotes, me encargó dos parroquias del campo: Santo Toribio de Mogrovejo y Santa Ana, que suman más de 60 comunidades campesinas, muy extensas geográficamente.

En una de las tantas visitas una señora se acercó y me dijo que tenía su madre anciana y que estaba muy enferma, pero que se encontraba a más de una hora caminando. Le dije que no habría problema, pues yo estaba acostumbrado a caminar hasta 12 horas seguidas.

Fuimos a visitarla. La abuelita tenía, según su familia, unos 98 años; pero estaba bastante lúcida, sólo que no podía caminar. Estaba acompañada de otra de sus hijas que no me quería dejar entrar a la casa porque pensaba que si le daba los sacramentos su mamá se iba a morir. Después de dialogar con ella media hora me permitió entrar, pero me prohibió darle la Unción. Entonces empecé a darle una catequesis y, pasados quince minutos, se convenció. Entonces la abuelita, al verme tan joven, no creía que yo fuera sacerdote. Me dijo: «¡Tú debes ser uno de las sectas! Algunos de mis hijos me han obligado a que me bautice en su secta sin que yo quiera. Después vienen a visitarme y, como ya no puedo caminar, se llevan mi fruta».

Después de dialogar con ella media hora le dije que hiciéramos oración juntos. Hicimos la señal de la cruz; rezamos el Padrenuestro y el Avemaría. Ella lo hacía mal, mezclando de todo... Pensé que la abuelita ya había perdido la memoria, pero que no estaba nada mal que yo le ayudara a rezar. Así, la tomé de la mano y le ayudé a hacer la señal de la cruz. Luego me miró y me dijo: «Ahora creo que verdaderamente eres sacerdote, porque has tenido paciencia conmigo». Se sonrió y continuó: «Yo sé rezar muy bien, sólo lo hacía para probarte. Ahora sí sé que Diosito es tan bueno que te ha enviado. Ahora mismo quiero que me confiese, me dé el pan bendito y la unción».

La humildad, la gratitud y el rostro de gozo y felicidad que manifestó me tocaron el corazón, y sentí claramente una experiencia de encuentro con el Señor, y de esto jamás me olvidaré. «Se alegra mi espíritu en Dios, mi Salvador, porque hace obras maravillosas a través del sacerdocio». Enamorémonos de Cristo y viviremos enamorados de nuestro sacerdocio.

VIII. EN LAS MANOS DE DIOS

Ved las aves del cielo, que ni siembran, ni siegan, ni recogen en graneros, y vuestro Padre celestial las alimenta. ¿No valéis vosotros más que ellas?

(Mt 6,26)

Si la providencia de Dios trabaja por muchos cauces, no cabe duda de que con frecuencia se vale de las manos de sus sacerdotes para proveer a sus hijos de lo necesario. Esta costumbre inició, quizá, cuando Jesús dijo a sus discípulos: «Dadles vosotros de comer» (*Mt* 14,16).

Mandato desconcertante cuando, ante una multitud, sólo hay cinco panes y dos peces, y a veces ni eso. Pero con el tiempo el sacerdote aprende que ese es el estilo de Dios. Y que al final se saciarán y recogerán las sobras. «Abres Tú la mano, Señor, y nos sacias». (*Sal* 144,16).

Las historias de este capítulo nos narran experiencias en las que se palpa la intervención de Dios para el bien de sus hijos. Casos en los que Dios provee de alimento, de medios materiales o, incluso, de un sacerdote en el momento oportuno.

86.   EL SACERDOTE NO SE PERTENECE

Uriel Medina Romero
Coatzacoalcos (México)

Al inicio de mi ministerio sacerdotal fui enviado por mi obispo a una parroquia rural de indígenas: San Isidro Labrador, en Zaragoza, Veracruz. Vivíamos a veces en situaciones de extrema pobreza.

Una mañana llegó una señora. Venía de la ciudad. Me pidió confesión. Después de recibir la absolución se fue al sagrario a orar. Después de varios minutos de oración regresó y puso en mi mano un billete de 200 pesos.

Le dije: «Por la confesión no se cobra, ya Cristo pagó el precio por nuestros pecados». A lo que amablemente me contestó: «Es para que se compre algo para usted». Ella sabía que la parroquia no podía pagar los honorarios del sacerdote. Me dije a mí mismo: «Con más personas así al día me iría bastante bien».

Minutos después llegó una mujer indígena, con sus pies descalzos. Se me acerca y me entrega un papel. Le pregunté: «¿Qué es esto? »

Con humildad, pero mirándome a los ojos, me respondió: «Tú sabrás, yo no sé leer».

Era una receta médica. Le pregunto: «¿Yo para qué quiero esto?»

«Yo no sé –me respondió– tú eres el cura, tú sabrás». En la receta médica tenía el precio de la medicina: 200 pesos.

Pensé para mis adentros: «Qué poco me duró el gusto». Metí la mano al bolsillo y le entregué el billete para que comprara su medicamento. Entendí el mensaje: el sacerdote es el canal por el que Dios hace llegar sus dones a los más pobres. Por una mano entran los dones y por otra salen. Guardarlos sería un fraude.

Por aquellos años la comunidad se vio colmada de regalos venidos de comunidades hermanas; todo llegaba a través del sacerdote.

Desde entonces comprendí que el sacerdote no se pertenece. Él y todo lo que tiene es de Cristo y de la Iglesia. Todo lo que cae en sus manos, sea por donativos o por bendiciones o regalos, tampoco le pertenece, es de los pobres y es de la Iglesia.

87. CINCO PANES Y DOS PECES

Jorge González Guadalix
Madrid (España)

Despacho de Cáritas. Víspera de Navidad. Más gente que nunca esperando una ayuda para celebrar las fiestas. Todos conocidos. La verdad es que nosotros mismos les habíamos sugerido que vinieran con el propósito de sorprenderles con un regalo especial para esos días: una cesta de Navidad con comestibles y algo de dinero para celebrar las fiestas.

Pero nos falló todo. Los donativos previstos no llegaron. Ni siquiera teníamos un detalle para cada uno. Y era triste decir, llegando Navidad, que no tenemos nada y «que Dios le ampare, hermano».

En el despacho yo y los voluntarios. Las lágrimas imposibles de contener. Fuera, la alegría de quien algo espera. Especialmente impactantes las risas de los niños. Las bromas de los mayores. Ese ruido que denota la ilusión de quien sabe que algo llegará seguro. No sabíamos qué hacer. ¿Cómo despedir a toda esa gente sin nada? Echamos mano a nuestros monederos... apenas para comprar cuatro chucherías. No nos atrevíamos a abrir la puerta. ¿Quién diría a esta gente que nada de nada, que había sido una visita baldía? Nos dijimos: vamos a rezar y que Dios nos ayude. Nos dimos las manos y rezamos serenamente el Padrenuestro.

Tras la oración les dije que miraría el buzón de Cáritas por si habían dejado algo y podíamos al menos comprar caramelos a los niños. La verdad es que en ese buzón apenas aparecían unas monedas cada semana. Fue un abrir por abrir. Un acto reflejo, pero desesperanzado.

Abrí el buzón, y un sobre. Abultado. Corrí al despacho sin atreverme a mirar el contenido. Lo dejé sobre la mesa en medio de un silencio que se mascaba. Nos quedamos completamente mudos como los grandes personajes de la Biblia ante la presencia de Dios. Porque eso era un regalo de Dios que no iba a consentir que la gente se marchara con las manos vacías.

Daba miedo tocar el sobre. Más aún abrirlo y mirar su contenido. Por fin alguien lo hizo con un respeto reverencial ante el milagro. Ochenta mil pesetas, que en ese tiempo, 1982, era una cantidad increíble.

No sabíamos si reír o llorar, quizá todo a la vez. Pero ahí estaba ese regalo de Dios. Porque lo de menos era quién depositó el sobre en el buzón de Cáritas. Lo que nos impresionaba era tocar con tanta claridad el misterio.

Era el milagro de los panes y los peces. Gente hambrienta. Apenas unas monedas que pudimos reunir los más cercanos. Fue colocarlas sobre la mesa y rezar juntos. Y Dios hizo que se multiplicaran de tal forma que llegó a todos... y hasta sobró.

88.   YO REZO, DIOS PAGA

Michael Patrick Scott
Metuchen (Estados Unidos)

Mi confianza en la Divina Providencia ha sido una fuerza que me ha sostenido en mi vida sacerdotal. «Dios proveerá». Una tarde, a finales de agosto, algunas personas pobres de mi parroquia me llamaron para decirme: «Padre, estamos en una escuela pública, y realmente deseamos asistir a una escuela católica».

Les dije que yo no tenía dinero para ayudarlos, pues costaba 4000 dólares por persona al año, pero que vería qué podría hacer. Fui a la iglesia y recé a Nuestra Señora. Le dije que estos dos muchachos querían ir a una escuela católica, así que le pedí que intercediera ante Dios.

La mañana siguiente, después de la misa, estaba en la sacristía. Entonces alguien tocó la puerta. Un parroquiano anciano entró y me dijo: «Padre, anoche mi esposa y yo estuvimos hablando sobre la economía de la familia, y tenemos algo de dinero que nos sobró este año, así que quisiéramos ayudar con una beca para algún chico que lo necesite». Y me entregó un cheque de $4.000. Una beca.

En cuanto se fue, una pareja entró a la sacristía. Me dijeron: «Padre, usted celebró el funeral de la abuela hace un mes. Ella realmente amaba a los niños y por eso quisiéramos ayudar a alguno a ir a la escuela católica». Y me entregó un cheque, también de $4.000.

Los dos muchachos fueron a la escuela católica y se graduaron. Dios provee.

89.   CONTRA TODA ESPERANZA

Henry W. Rodríguez Echavarría
Paraná (Argentina)

En el año 2004 fui designado por el obispo de Paraná para trabajar en la parroquia de Nuestra Señora de la Merced. Allí llegué con mucho entusiasmo y lleno de esperanza. Pero con el pasar de los días me daba cuenta de que el pueblo estaba sumergido en un gran desaliento. Cualquier iniciativa que yo presentaba era rechazada. Había muchos niños que padecían hambre y propuse repartir desayunos, pero me decían que allí era imposible y que no encontraría ayuda. Sin embargo mi «terquedad» y mi fe en Dios fueron superiores, y logré reunir cerca de 120 niños que iban cada mañana a tomar su desayuno. Empecé solo, pero luego los jóvenes de la comunidad se fueron entusiasmando y empezaron a ayudarme.

Esto me llenó de entusiasmo y, como estoy convencido de que sólo la educación puede lograr el desarrollo de los pueblos, y ante la necesidad de tener en el pueblo una escuela católica para evangelizar a los niños –porque estaban muy apartados de Dios–, me dije: «Qué mejor que una escuela para ayudar a nuestros niños».

Así que, inspirado por el Papa Juan Pablo II, inicié la aventura de construir una escuela. Me puse en manos de Dios y le pedí que Él fuera mi fortaleza. Le dije: «Padre, te presto mis manos y mis pies para que Tú construyas esta escuela que tanto necesitamos».

Había en mi corazón mucha esperanza y entusiasmo, y estaba confiado en que la comunidad me iba apoyar. Pero sucedió todo lo contrario. La gran mayoría estaba en contra y desconfiaba, porque les parecía que era imposible ya que el pueblo era muy pobre. Pero yo estaba tan cierto de Dios que me lancé a tan gran empresa – aunque confieso que no sabía en lo que me estaba metiendo.

Entonces fui a visitar a la encargada de educación, que se contagió de mi entusiasmo y, como me veía tan decidido, me autorizó a abrir la escuela. Pero también me dijo que no había dinero. Sin embargo yo estaba tan entusiasmado que le dije: «Tranquila, usted deme el permiso. De lo otro me encargo yo». Confiaba en que el pueblo me iba a apoyar.

Iniciamos en unas casas prácticamente destruidas que habían sido donadas a la parroquia. Habían estado más de 20 años abandonadas. Cuando fue el delegado del arzobispo a ver el lugar tenía una cara de espanto. Él escuchó mis proyectos y luego dijo a unos colaboradores míos: «Pobre padre, quiere construir una escuela en un lugar donde no hay dinero».

Como la comunidad no me apoyaba comencé a trabajar con dos jóvenes. Uno era testigo de Jehová y el otro era adventista. Nos íbamos desde las 8 de la mañana hasta las 6 de la tarde a trabajar, porque había que habilitar las casas para dar inicio. Organizando una rifa pude pagar albañiles y pudimos habilitar tres aulas. El 25 de marzo de 2004 dimos inicio a la escuela «Juan Pablo II».

Yo no tenía dinero para pagar sueldos, pero me arreglé con algunas maestras del pueblo, que aceptaron la propuesta. A la que sería directora le prometí que, aunque al comienzo le pagaría sólo como maestra, en julio le pagaría como directora.

Ya dije que en el ministerio de educación no me dieron ayuda económica. En el pueblo seguían criticándome y casi nadie me ayudaba. Yo rogaba a Dios que no me abandonara. Le decía: «Padre, que la desesperanza de este pueblo no me venza. Ayúdame Padre; estoy muy solo».

En mayo me llegó una noticia del ministerio de educación: «Su pedido para el sueldo de la directora fue aprobado». Yo me quedé sorprendido porque yo nunca solicité ayuda al ministerio, ya que ellos me habían advertido que no podían.

Yo estaba seguro de que esto era una equivocación, pero para salir de dudas llamé al ministerio. «¿Llama por el subsidio para el sueldo de directora?» Yo no sabía qué responder porque, repito, yo nunca solicité esta ayuda. No lo podía creer. Y para rematar me dicen: «Padre, cuente con el sueldo de su directora a partir de julio». ¡Cómo no confiar en Dios si Él día a día nos sorprende y nos bendice!

Sucedieron muchas cosas más en nuestra escuela. Con sólo pensarlas me conmuevo y mi corazón quiere estallar de agradecimiento a Dios y a Juan Pablo II, que intercedió por nosotros.

En la actualidad la escuela cuenta con unos 200 alumnos y un centro de informática. Lo que importa en esta vida es creer en Dios. El sacerdote que se refugia en Él nunca será defraudado.

90. DIOS NO SE DESDICE

Yelman Francisco Bustamante Solórzano
Cádiz (España)

Estando en el despacho parroquial se presentó un joven inmigrante pidiendo ayuda para conseguir un trabajo, porque tenía a su madre enferma y necesitaba enviar dinero a su país.

Me contó que estaba viviendo con una familia inmigrante que le cobraba 200 euros mensuales por una habitación y que ya llevaba tres meses sin poder pagar.

Desde Cáritas parroquial decidí entregarle un cheque con 400 euros para que diera un adelanto de vivienda.

Cuando le entregué el cheque, el joven rompió en llanto y le dije: «No te dé vergüenza».

A lo que él respondió:

«No es vergüenza, lloro de agradecimiento. Hoy estuve a punto de robar. Junto a un cajero automático dos mujeres intentaban sacar dinero. El cajero no funcionaba y se fueron. Después de un rato el cajero echó el dinero y pensé en quedármelo porque tenía necesidad. Recordé que mi madre me enseñó que es mejor pedir que robar, así que empecé a buscar a las mujeres hasta encontrarlas y les entregué su dinero. Ellas sólo me dieron las gracias.

»Yo le dije a Dios: "hice lo que tenía que hacer y Tú sabes mi necesidad, sé que no me abandonarás".

»El mismo día usted me está dando la misma cantidad de dinero que por la mañana pude haber robado y no lo hice».

91.   Tu Dios es grande

Thekkudan Lonappan Johnson, CMI
Covington (Estados Unidos)

Inmediatamente después de mi ordenación sacerdotal pedí a mis superiores que me enviasen a algún país de África. El mismo año fui invitado a Madagascar para trabajar en la diócesis de Morondava. Fui testigo de auténticos milagros por su fe sencilla, lo cual me ayudó personalmente a crecer en la fe.

Un día, después de la celebración de Pascua estaba tomando un descanso en la iglesia. Algunos ruidos muy fuertes me despertaron. Abrí la puerta y, para mi gran sorpresa, vi muchas caras desconocidas delante de mí. Los malagaches tienen muchas tradiciones y prácticas extrañas para nosotros. Estas personas traían lanzas. Yo estaba aterrorizado. Mi catequista, que estaba con ellos, vino hacia mí y me dijo: «Padre, le están esperando. Han venido desde un pueblo muy lejano y quieren llevarle allí». Su problema era el siguiente: tenían un terreno donde habían estado cultivando durante muchos años; pero llevaban tres años sin poder cosechar nada. Creían que se debía a la magia negra de algunos magos nativos. Al parecer algunas personas les dijeron que un sacerdote católico podría resolver el problema. Ellos ni siquiera eran cristianos; creían en un culto ancestral. Entonces fui con ellos a su pueblo. Fue una larga procesión.

Cuando llegué a su pueblo me llevaron a su campo de arroz. Allí noté una especie de bichos en el agua. Todas las plantas estaban destruidas por una misteriosa plaga. Ellos nunca han aplicado insecticidas ni otros químicos. Los consolé asegurándoles que regresaría después de algunos días, trayendo conmigo insecticidas y una bomba para aplicarlo, y que así mataríamos a todos los insectos; aunque, personalmente, pensaba que funcionaría la oración. Después de decir esto los habitantes del pueblo no me permitieron regresar, porque su sustento dependía de esos campos de arroz. Además me dijeron que nunca habían querido esparcir químicos y sólo querían que yo rezara. No tenía otra salida sino realizar lo que se me pedía.

Desde el fondo del corazón oré al Señor, mientras metía mis pies en el lodazal del campo. Estaba tan profundo que mis piernas comenzaron a hundirse en el lodo. Recé y pedí a uno que aspergiera agua bendita por toda el área. Tomé una pequeña cruz que guardaba en mi bolsillo. Ellos nunca habían escuchado hablar de Jesús. Les hablé de Jesús y de su amor a la humanidad. Les pedí que creyeran en Él. Cavé un pequeño hoyo en la tierra y coloqué la cruz en el campo. Les dije a los habitantes del pueblo: «El Señor Jesús está justo aquí para proteger vuestro arrozal». Ellos eran tan simples que no les costaba aceptar a Jesús. Todos ellos estaban rezando aunque nadie les había enseñado cómo hacerlo. Realmente creían que todo saldría bien y estaban muy contentos. Por mi parte, yo regresé a mi iglesia.

Después de tres meses, un buen día, regresaba a mi iglesia por la tarde. Mientras me acercaba vi algunos de aquella aldea lejana esperándome. Estaban muy contentos. Reconocí a algunos de ellos. Venían con cinco costales llenos de arroz y me contaron que Dios les había bendecido con una buena cosecha. Me dijeron: «Tu Dios es muy grande y ha venido a ver nuestros sufrimientos». Entonces me pidieron que les hablara de Dios y me invitaron a comenzar una iglesia en su pueblo. Muchos de aquel pueblo recibieron el bautismo después.

Este hecho me abrió los ojos, para descubrir que nosotros no somos nada sin Dios, y por tanto debemos ser humildes. Sólo somos instrumentos en sus manos. No obstante, Él quiere sentir necesidad de nuestra buena voluntad y diligencia. Dios trabaja hoy, a través de nosotros.

92. SUSANA FUE AL CIELO

Mario Ortega Moya, ST
Madrid (España)

Pasé unas semanas en Banfield (Argentina), ayudando a unos misioneros amigos míos. La mañana de los miércoles la dedican allí los sacerdotes a visitar enfermos –los más graves–. Precisamente realizaba yo la visita de los miércoles, siguiendo una lista de enfermos que habíamos obtenido gracias a los misioneros. Sorteando con el auto los baches de las calles sin asfaltar y soportando un asfixiante calor, íbamos en busca de la casa de cada enfermo que habíamos elegido de la lista para visitar esa mañana.

Sin embargo todo parecía adverso. A uno lo habían llevado al hospital, otro había fallecido, un tercero había cambiado de domicilio... De casa en casa sin poder atender a nadie. El tiempo pasaba, la mañana parecía perdida. Pero la Providencia Divina estaba guiando nuestros pasos. De nuevo echamos mano a la lista; había que elegir otros enfermos para visitar. Me fijé en una chica joven que estaba apuntada y, junto a su nombre, la causa de su enfermedad: el fatídico sida.

La casa no estaba lejos de allí, por lo que no dudé en decirle a José que nos dirigiéramos allá. Era un barrio de los más pobres y peligrosos. La droga y la delincuencia entre jóvenes y niños era lo normal por esa zona. Nos detuvimos ante la casa, en cuya puerta un hombre de mediana edad nos miraba extrañado.

«¿Vive aquí Susana?» El hombre asintió con la cabeza y entró para buscarla. Nos bajamos del coche y en esos momentos vi aparecer a Susana. Quedé espantado al ver su aspecto. Tenía 22 años, pero aparentaba muchos más: pobremente vestida, descalza, llevaba en la cara, cuello, manos, brazos, piernas y pies las señales de pinchazos y moretones, producidos por la jeringuilla asesina que desde sus doce años destrozaba su vida. Susana había sido víctima, como tantos otros, de la cultura de la muerte. Engañada, nadie le había mostrado nunca otro camino de felicidad.

«¡Soy Susana, padre!» –dijo–. Y rápidamente me confesó su principal carencia: «Padre, no estoy bautizada».

En menos de dos horas, esa misma tarde la llevaban al hospital para enfermos terminales de sida en Buenos Aires. Allá los llevan para morir, y ya no suelen regresar. ¡Esa misma tarde! Dios mío, entonces me expliqué por qué no habíamos podido ver a los enfermos anteriores... la Providencia nos había llevado a quien más lo necesitaba. «Mira –le dije– el Bautismo es la puerta para ir al Cielo, ¿quieres bautizarte?». Ella, dibujando de nuevo la sonrisa en su rostro, mientras aparecían en sus ojos las primeras lágrimas, dijo emocionada: «Sí, padre, sí que quiero». Había que bautizarla rápidamente, bajo peligro de muerte. En quince minutos dimos un repaso al Credo y después le exhorté a que se arrepintiera de todos los pecados de su vida, porque iba a recibir la gracia santificante. Ella comprendió que aunque su cuerpo se deterioraba sin solución, su alma se iba a revestir de Dios. ¡Cómo actúa Dios en los pobres y humildes! ¡No se puede explicar, es para vivirlo!

La familia también recibió con agrado la noticia del bautismo de Susana. En la habitación-salón-dormitorio-cocina de la casa bauticé a Susana. No me costó trabajo explicarle que Dios la amaba personalmente. Ella misma lo había experimentado. ¡El padre había venido hasta su casa! Ella, que había sido tratada tanto tiempo como un objeto, veía ahora reconocida su dignidad de persona y ¡de Hija de Dios! Confieso que yo también me emocioné.

Una vez de regreso, en España, recibí un fax del párroco de allí. Entre otras cosas, me contaba que a los pocos días de recibir el bautismo Susana había muerto. Rápida y espontáneamente me surgió esta petición: «Susana, yo te ayudé a ir al Cielo; ayúdame ahora tú a mí».

93. POR LAS CALLES DE MONTEVIDEO

Jaime Fuentes Martín
Paysandú (Uruguay)

Un día cualquiera de verano, hace un montón de años, a las tres y media de la tarde la señora Manuela, de 66 años, salió de su casa para ir a visitar a doña Dolores, una anciana amiga suya, ciega y paralítica. En Navidad habían hablado por teléfono y la señora Manuela le había prometido que iría a verla a la residencia.

Aquella misma tarde, poco después de las cinco, yo estaba en el cruce de Instrucciones y Camino Mendoza, en Montevideo, y debía predicar un retiro a las seis, cerca de los Portones de Carrasco: en otras palabras, tenía que cruzar la ciudad de punta a punta. Subí al auto y, fiado del instinto, empecé un recorrido que, desconociendo el entrevero de calles, calculé que me llevaría unos tres cuartos de hora.

Aunque el calor no invitaba a salir de casa, la señora Manuela se sobrepuso y fue a tomar el bus a la parada de la avenida 8 de Octubre.

Hoy en día el GPS facilita mucho llegar a un destino por el camino más corto, pero entonces no se había inventado. Fui tanteando el recorrido según me parecía. Las cosas iban bien hasta que tropecé con la avenida Belloni sometida a arreglos y con carteles varios: «calle cortada», «desvío», «calle cerrada»… Llegó un momento en que empecé a dar vueltas casi sin orientación.

La señora Manuela alegró a doña Dolores durante casi dos horas. La puso al corriente de su familia, de la hija menor con quien vivía y de sus nietos. Hablaron del tiempo, de la salud, del futuro, de lo humano y de lo divino. Se despidieron: «Hasta pronto». «Hasta pronto y ¡muchas gracias!» La señora Manuela se dirigió hacia la parada para tomar el bus de vuelta a su casa.

Finalmente, reencontré la avenida Belloni, varias cuadras más allá, a la altura de la parroquia «Santa Gema». Estaba bastante impacientado porque los desvíos me harían empezar tarde el retiro. Eran las seis y cuarto cuando llegué a la avenida 8 de Octubre. Detuve la marcha. A cualquier hora, pero más a media tarde, hay que tener cuidado: primero, mirar a la izquierda y después a la derecha.

Entonces... ¡no, no puede ser!... Atropellada por un autobús una mujer vuela por los aires y cae sobre el pavimento. Bajé del auto y corrí hasta ella. Fui el primero en llegar. De rodillas, en la calle, le di la absolución. Ella hizo un leve movimiento que no pudieron ver los que enseguida se acercaron, horrorizados y seguros de que estaba muerta.

Llegué a mi destino con el corazón destrozado y, en lo más íntimo del alma, dándome cuenta de que aquella demora, aquel perderme por las calles desconocidas, había sido «previsto» con total exactitud: ni un minuto antes ni uno después; tenía una cita allí con la señora Manuela.

Días más tarde, cuando pude ponerme en contacto con su hija, lo confirmé. Supe entonces que Manuela le pedía muchas veces a Dios una muerte rápida, porque no quería que los suyos sufrieran por ella. Y supe también que solía ir a la gruta de Lourdes, para pedirle sencillamente a la Virgen: «Ruega por nosotros, pecadores, ahora y en la hora de nuestra muerte». Amén.

94. ESTAMOS HECHOS PARA BENDECIR

Sébastien Dehorter
Bruselas (Bélgica)

Era mi primer año como sacerdote, estaba aún en el seminario. A ejemplo de otro sacerdote amigo mío, una noche decidí visitar a algunos seminaristas para darles una bendición. Entonces inicié un pequeño tour. En medio de las visitas y bendiciones miré la hora: «Es tiempo de ir a dormir» –sobre todo porque era época de exámenes.

En cuanto entré de nuevo a mi habitación me vino un nombre a la mente: «Harry» Era un joven americano de segundo año. No vivíamos en el mismo piso y yo no tenía ganas de ir a buscarlo. Sin embargo tenía su nombre esculpido en mi mente y algo me decía: «Ve a visitarlo».

Toqué a su puerta y entré. Harry estaba sentado al borde de la cama con un libro de filosofía sobre sus rodillas y el ojo derecho inflamado por una infección. No se le veía muy bien. La dificultad de la materia y del idioma, este ojo enfermo, todo le llevaba al desánimo. Entonces, sin decir más, lo bendije y le deseé una buena noche.

Él me detuvo en la puerta y me dijo: «¿Por qué has venido a verme?» Le respondí: «Sólo para darte la bendición». Después me fui a mi cuarto para acostarme.

Algunos días más tarde Harry me comentó que cuando yo entré en su cuarto, él estaba pasando por un momento muy difícil. No sólo por los exámenes y la infección. Todo esto había provocado en él una crisis interior respecto al discernimiento de su vocación. De hecho, había comenzado a pensar que realmente no tenía vocación al sacerdocio, y al mismo tiempo quería hacer la voluntad de Dios y no desanimarse simplemente por dificultades pasajeras.

Cuando entré él acababa de hacer una oración: «Señor, muéstrame que Tú estás conmigo». Esta pequeña experiencia me ha tocado profundamente. Me ayudó a comprender lo que significa escuchar al Espíritu Santo. Dios quiere servirse de nosotros como instrumentos de su gracia.

95. MIS CAMINOS NO SON VUESTROS CAMINOS

Rafael del Rosal Samaniego
Getafe (España)

Yo llevaba poco tiempo como párroco cuando un compañero de un pueblo vecino me pidió el favor de ir a celebrar una misa en una residencia de su pueblo.

Pues bien, llegó el día señalado y me puse en camino. Llegué en 20 minutos al pueblo y caí en la cuenta de que era la primera vez que iba a aquel lugar y no sabía dónde era la residencia. Pregunté y me dijeron que había tres. Dije el nombre y me respondieron que estaba a unos 200 metros. Seguí la indicación, llegué a una residencia, entré y dije:

– Buenos días, soy el sacerdote que viene a decir misa.

– Menos mal, padre, porque llevamos dos días buscando al párroco y no lo encontramos.

Yo le expliqué las circunstancias y añadieron:

– Mire, esta no es la residencia que usted busca, que está a dos calles más, pero aquí hay una señora que está agonizando y estábamos buscando a un cura como locos.

– Pues heme aquí.

Y rápidamente me acompañaron a la habitación de la enferma. Estaba acompañada de su hija. Hablé un poquito con ella, le administré la Santa Unción y después de encomendar su alma me despedí y salí de la habitación. Iba aún por el pasillo cuando la hija vino gritando y me dijo toda nerviosa:

«Padre, esto ha sido un milagro... llevaba dos días en agonía, y ha muerto apenas salió usted. Le ha estado esperando para morir en paz y ha sido la Virgen del Carmen la que le ha traído. Mire, mi madre toda su vida ha tenido esta imagen que le regalaron sus abuelos el día de su primera Comunión. Desde entonces no se ha separado de ella y siempre le rezaba. Yo la quiero mucho pero no soy tan buena cristiana ni voy a poder rezarle como mi madre, por eso quiero regalársela a usted para que la Virgen le siga ayudando a hacer el bien, como le ha hecho a mi madre, y seguro que usted le rezará más que yo».

Yo veía sus lágrimas. Su actitud era precisamente de una buena cristiana y de una buena hija de María. Después de rehusar el regalo y ella insistir, tomé por fin a «mi Virgen» y me fui a continuar con mi obligación. Esta vez sí llegué a la residencia, y desde entonces esa imagen me acompaña a mí y a cuantos auxilio espiritualmente, para que puedan morir en paz y alcanzar la Gloria.

Eso mismo pido yo para mí y, además, ahora sé que no estamos solos en nuestro trabajo pastoral; que Dios, la Virgen y los santos interceden por nosotros y guían nuestros pasos, a veces por caminos aparentemente equivocados, pero ciertos en su meta.

96.   COMO CAÍDO DEL CIELO

Juan Pablo Esquivel
Paraná (Argentina)

Durante algunos años fui capellán del Cementerio Municipal de Paraná. Todos los domingos celebraba la misa a los pies de la Cruz mayor. Ocurrió una vez que al final, sin siquiera quitarme los ornamentos de la misa, fui inmediatamente a rezar un responso por un difunto.

Mientras volvía pasé por una zona donde las tumbas eran tantas y estaban tan pegadas que la voz rebotaba haciendo eco en todos los vericuetos.

Mientras yo caminaba escuché la voz de un niñito al que yo no podía ver por las tumbas. Él preguntaba: «Abuela, ¿el abuelo está aquí dentro? ¿Está durmiendo? ¿Se despertará alguna vez?»

En el momento en que acabó de formular su pregunta yo pasaba exactamente delante de ellos, y sólo en ese momento logré verlo, arrodillado junto a su abuela, delante de la tumba de su abuelo.

Entonces le respondí –como si me lo hubiese preguntado a mí– «Sí, hijito, tu abuelo duerme, y en el último día, el de la Resurrección de los muertos, Cristo mismo lo despertará para la Vida eterna».

Apenas terminé mi respuesta seguí mi camino entre las tumbas y ya no pudieron verme.

Grande fue mi sorpresa cuando escuché, por el eco, la respuesta del niño: «¡Gracias, Señor Jesús! Yo hice una pregunta importante y Tú mandaste del Cielo a un sacerdote para responderme».

97.   EL VALOR DE UN ALMA

Rozario Menezes, SMM
Montreal (Canadá)

Después de mi ordenación, en 1999, fui a Papúa Nueva Guinea como misionero, y trabajé allí hasta 2008, antes de venir a Canadá para prepararme como formador e iniciar la labor con los jóvenes que quieren ser misioneros de Montfort.

Era un lunes por la mañana. Fui con un catequista al pueblo de Thekenai, en zona nómada. Era aproximadamente un día a pie. Cruzamos el río usando una canoa y empezamos a caminar en medio de la jungla. El catequista venía caminando delante de mí, tratando de quitar los arbustos espinosos y las plantas. Era alrededor de las siete de la mañana. A las once treinta paramos para comer algo. Comimos unos panecillos con miel y crema de cacahuate. Después de un breve descanso retomamos nuestro camino y llegamos al pueblo a las cuatro y media de la tarde. Mis piernas se habían inflamado por las picaduras.

El catequista me ayudó a tranquilizarme en la pequeña y agrietada iglesia construida por los habitantes, y fue a buscar a la gente del pueblo, que se encontraba a unos metros de la iglesia. Para su sorpresa, no encontró a nadie excepto a un anciano y dos niños. Se enteró por medio del anciano de que los habitantes del pueblo se habían ido de caza para obtener alimento para los días siguientes y acababan de partir el día anterior.

Escuchando la noticia me enojé, ya que había enviado la noticia de nuestra visita por medio de un mensajero, pero el mensajero nunca llegó por causa de una picadura de serpiente durante el viaje, y fue llevado al doctor de otro pueblo.

Yo no sabía qué hacer; era imposible regresar el mismo día. No podía ni mover las piernas, así que decidimos quedarnos. No traíamos comida porque pensábamos que los habitantes nos darían algo, como normalmente hacían. Al oscurecer propuse rezar y celebrar la santa misa. Tanto al anciano como al catequista les gustó mi idea e iniciamos el rosario.

Después del rosario, el anciano me pidió si podía escuchar su confesión y acepté con gusto. Yo no entendía ni una palabra – estaba hablando en su dialecto– pero percibí en su rostro que él había hecho una muy buena confesión. Celebramos la misa –era la primera vez que celebraba con dos fieles junto al altar– pero fue la mejor celebración que tuve jamás. Sentía el dolor de Jesús en la cruz por medio de mis piernas hinchadas y las picaduras sangrantes que tenía. Entendí el significado de la Eucaristía mucho mejor que en todas las clases de teología.

El anciano nos invitó a su casa y puso algunos plátanos en el fuego; el único alimento que tenía para sobrevivir hasta que regresara su gente de la cacería. Comimos y fuimos a descansar. Yo no podía dormir con los mosquitos que me rodeaban los oídos, además del dolor y el cansancio.

Cuando me levanté por la mañana había un silencio sepulcral. El catequista fue a llamar al anciano y se dio cuenta de que estaba muerto. Al inicio quedé impactado, pensando en las repercusiones que podían sobrevenir, conociendo las costumbres y creencias del pueblo de Papúa. Pero el segundo pensamiento me hizo sentir muy feliz: el hecho de que este hombre tuvo la oportunidad de prepararse para su muerte con los sacramentos de la confesión y de la Eucaristía. Sentí que Dios me llevó a Thekenai para ayudar a este anciano a entrar en la eternidad. Qué sentimiento tan maravilloso. Durante todo el camino de regreso, aunque fue doloroso, agradecí a Dios por haberme dado este gran privilegio de ser sacerdote y de estar disponible para las almas. «Señor, hazme un digno instrumento en tus manos».

98. DIOS ME GUIÓ

Lawrence Joseph O'Keefe
Nuevo México (Estados Unidos)

Rosa Flores, una parroquiana y madre de 2 hijos adolescentes, contrajo una enfermedad misteriosa por la que su cuerpo se llenaba de heridas infectadas. Durante casi un año fue de doctor en doctor, sin que ninguno pudiera ayudarla. Finalmente consultó a un dermatólogo que le diagnosticó una rara y poco conocida enfermedad en la que el cuerpo progresivamente rechaza su propia piel como algo extraño. Rosa fue internada en un hospital para recibir un tratamiento prolongado.

Yo solía visitar a Rosa en el hospital todos los lunes, cuando iba a la ciudad en mi día de descanso. Platicábamos y rezábamos juntos. Esto fue durante tres meses. Finalmente, llegó el día en que los doctores la dieron de alta. Recuerdo haber visto a su esposo y a sus hijos en misa, el día en que iban a recogerla para traerla de regreso, y qué felices estaban de que ella por fin volviera a casa.

Al día siguiente fui a la ciudad en mi acostumbrado día libre, pero no paré en el hospital, porque sabía que Rosa no estaría allí. Recuerdo que todos mis conocidos estaban ocupados ese lunes, y por ello dediqué la mayor parte del día a otras cosas. Mientras comía solo en un restaurante, decidí ver una película antes de volver a la parroquia. Fui al cine, compré el ticket... e inmediatamente la mano de Dios entró en acción.

La muchacha que recogía los tickets del cine me miró y me preguntó: «¿Es Usted el padre O'Keefe, el párroco de mi tía Rosa?» Asombrado contesté «Sí». Ella preguntó: «¿Ha ido al hospital hoy a ver a mi tía?» Contesté: «No, su familia se la llevó a casa ayer». Y ella me respondió: «No la dejaron salir del hospital, porque tuvo una recaída. Aún está internada». Olvidándome de la película le dije: «Será mejor que vaya a verla». Unos minutos después estaba en el hospital.

Cuando llegué a su cuarto Rosa estaba sentada, con una apariencia muy saludable y conversando con varias visitas. Ella me dijo que se sentía bien, pero que su temperatura se había elevado el día anterior a su salida, por lo que los doctores decidieron mantenerla en el hospital otro día o dos por precaución. Su temperatura ya había vuelto a la normalidad y ella esperaba que la dejaran salir al día siguiente.

Conversamos por varios minutos, cuando de repente dije –sin pensarlo realmente–: «Rosa, ¿te gustaría recibir la Comunión y la Unción de los enfermos?» Ella sólo respondió: «Claro que sí, padre».

Como era mi día libre, no estaba bien vestido, ni bien preparado para el ministerio sacerdotal. Por casi una hora recorrí varias parroquias de la ciudad, pidiendo prestado ornamentos y las cosas necesarias para celebrar los sacramentos. Finalmente regresé al hospital, donde Rosa me estaba esperando. Cuando comenzamos los ritos ella estaba muy atenta y devota, respondiendo a todo.

Hablamos un poco, después de celebrar los sacramentos, y le dije que la vería de vuelta a casa en pocos días. Ella mencionó cuánto deseaba y buscaba estar de nuevo con su familia. Le di mi bendición y me fui.

Había algunos amigos en el vestíbulo, debajo de la habitación de Rosa, y me detuve para saludarlos. Después de unos segundos, una enfermera corrió hacia nosotros, llorando, y dijo: «La Señora Flores acaba de fallecer».

99. SENTÍ UNA LLAMADA

José Antonio González Montoto
Oviedo (España)

La tarde de un domingo estaba en el despacho parroquial, pasando una partida de bautismo al libro correspondiente. De pronto sentí como una llamada: «Vete a la iglesia, porque allí alguien te necesita». Dejé el trabajo que estaba haciendo y me dirigí al templo. Pude haber ido por el patio, que es el camino más corto. Si lo hubiese hecho no hubiera tenido el encuentro que luego aconteció. Sin embargo hice el recorrido más largo.

Me acerqué a la sacristía y entré en la iglesia por la puerta delantera. Hice genuflexión al Santísimo Sacramento y caminé hacia la parte de atrás, donde tenía mi confesionario.

Un muchacho que acababa de entrar en el templo me vio pasar, se levantó y, acercándose a mí me dijo: «Padre, había pensado en suicidarme. Vi la iglesia abierta y entré. Vi un sacerdote joven que me podía escuchar y aquí estoy, para que me ayude».

Se me llenaron los ojos de lágrimas ante aquel encuentro para el que el Señor me había impulsado a recorrer el camino más largo. Le dije que Dios le había traído hasta allí para recibir la fuerza de la fe. Que Dios le quería y que la vida era muy importante como para perderla en un momento de obcecación.

Salió confortado y agradecido. Yo experimenté la gracia de la acogida y la escucha a la que Dios directamente me llamaba para atender a aquel joven en un momento de crisis. Este ha sido uno de los momentos más importantes de mi vida sacerdotal, un verdadero regalo de la misericordia de Dios para con sus hijos necesitados.

100. ¡QUE NADIE ME DIGA QUE DIOS NO EXISTE!

François-Régis de Joigny
Fréjus (Francia)

Hice una breve peregrinación a Ars el 13 y 14 de marzo de 2010 con algunos parroquianos. Para muchos de nosotros este lugar fue un gran descubrimiento. Un sitio maravilloso donde el Santo Cura hizo maravillas.

Después de esta experiencia y de haber vivido momentos muy fuertes de adoración, misa, confesión, regresamos a casa el domingo con maravillosos recuerdos.

Al terminar el viaje cantamos un Avemaría al chofer del autobús. Como agradecimiento nos dirigió estas palabras desde el micrófono:

«Desde hace un año mi esposa me dejó por otro hombre y desde entonces yo no he dejado de rezar y encender velas en las iglesias. Intenté comprender por qué se fue. Desde que llegamos a Ars hace dos días, yo también me puse a rezar, asistí a misa con ustedes y encendí una veladora por el regreso de mi mujer. Hoy mismo, a las 3 de la tarde, recibí una llamada de mi esposa que me dijo: "¿me aceptarías si regreso? ¡Te pido perdón!"»

Nuestro chofer con una gran sonrisa nos dijo: «¡Que nadie se atreva a decirme que Dios no existe!» Estallaron grandes aplausos y «Avemarías» en el autobús.

¡Gracias, Señor, por la gracia de vivir en directo esta hermosa experiencia que ha tocado mi corazón de joven sacerdote!

«Hay además otras muchas cosas

que hizo Jesús.

Si se escribieran una por una,

pienso que ni todo el mundo bastaría

para contener los libros que se escribieran».

(Jn 21,25)

ÍNDICE

¿Quieres más copias de este libro?

Visita www.100sacerdotes.com

¿Te preguntas sobre tu vocación?

Visita www.vocacion.org

¿Quieres ayudar a la formación de futuros sacerdotes?

Visita www.apadrinauncura.com

¿Buscas videos sobre la vocación sacerdotal?

Visita www.whynotpriest.org

Esta obra se terminó de imprimir en agosto de 2011
en los talleres de Programas Educativos S.A. de C.V.
Calz. de Chabacano No. 65-A, Col. Asturias
C.P. 06850, México, D.F.